Nanook,
Chienne des neiges

BIOGRAPHIE

Petite fille, Lucy Daniels aimait beaucoup lire, et rêvait d'être écrivain. Aujourd'hui, elle vit à Londres avec sa famille et ses deux chats, Peter et Benjamin. Originaire de la région du Yorkshire, elle a toujours aimé la nature et les animaux, et s'échappe à la campagne dès qu'elle le peut.

ILLUSTRATIONS INTÉRIEURES : PHILIPPE MIGNON

L'auteur adresse un grand merci à Stephen Cole.
Elle tient également à remercier C. J. Hall, médecin vétérinaire,
qui a revu les informations contenues dans ce livre.
Conception de la collection : Ben M. Baglio
Titre original : *Husky in a Hut*

Publié pour la première fois par Hodder Children's Books, Londres

Loi n°49-956 du 16 juillet 1949
sur les publications destinées à la jeunesse
Dépôt légal : mars 2003
ISBN : 978 2 7470 1890 6

100% animaux

Nanook,
Chienne des neiges

LUCY DANIELS

TRADUIT DE L'ANGLAIS
PAR GUILLAUME FOURNIER

SIXIÈME ÉDITION
BAYARD JEUNESSE

Les héros de cette histoire

Cathy Hope a douze ans, et une passion : les animaux. Son ambition est de devenir vétérinaire, comme ses parents. La souffrance des animaux lui est insupportable et elle ne manque jamais une occasion de leur porter secours.

Adam et **Emily Hope** sont les parents de Cathy. Ils dirigent une clinique vétérinaire, l'Arche des animaux, où Cathy passe tout son temps libre.

James Hunter est le meilleur ami de Cathy. Il partage avec elle l'amour des animaux et la suit dans toutes ses aventures.

Tom et **Dorothy Hope** sont les grands-parents de Cathy. Ils vivent au cottage des Lilas, et sont toujours prêts à venir en aide à leur petite-fille.

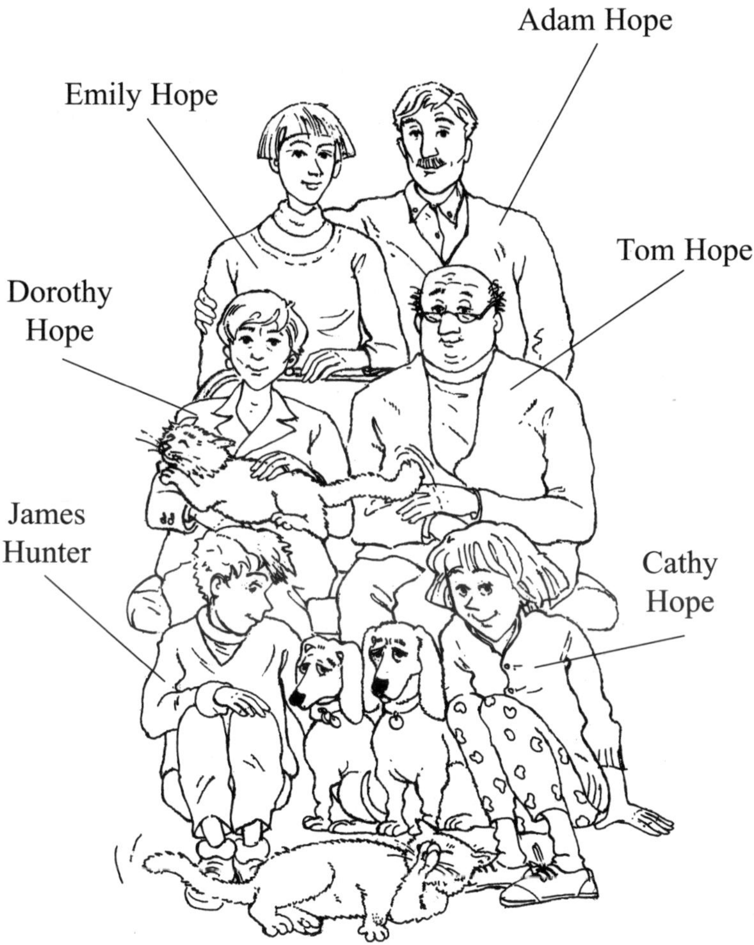
Adam Hope
Emily Hope
Tom Hope
Dorothy Hope
James Hunter
Cathy Hope

1

– Allez ! cria Cathy Hope depuis la ligne d'arrivée, au milieu des cris et des acclamations de la foule. Allez, plus vite !

Les deux traîneaux se rapprochaient, tirés par des attelages de huskies en plein effort. Cathy, rouge de froid et d'excitation, souriait. Depuis qu'elle était au Canada avec ses parents, elle avait vu tellement d'animaux : des phoques, des ours blancs... Et maintenant, elle assistait à la course des chiens polaires !

Les conducteurs lançaient des ordres à

leurs chiens en inuktitut, la langue indigène de la terre de Baffin. Emily Hope les observait en se protégeant les yeux des reflets du soleil sur la neige.

– Lequel est Simon ? demanda-t-elle.

Cathy lui indiqua le traîneau qui venait de passer en tête.

– Allez, Simon ! cria Adam Hope, le père de Cathy, en trépignant dans la neige. Vous y êtes presque !

Les parents de Cathy, tous deux vétérinaires, dirigeaient une clinique florissante baptisée l'Arche des Animaux dans le petit village de Welford, dans le Yorkshire, à des milliers de kilomètres de cette île enneigée. Leur expédition avait été financée par une université canadienne désireuse d'étudier l'impact du tourisme et des changements climatiques sur la faune subarctique. Kimmirut, petite communauté portuaire de la terre de Baffin, était la dernière étape de leur voyage. Simon Nanogak y était propriétaire d'une compagnie de randonnées en traîneaux. Les Hope logeaient chez lui.

La compagnie de Simon avait plusieurs concurrentes, et une saine rivalité locale rendait leurs courses de traîneaux palpitantes, aussi bien auprès des touristes que des gens du cru.

– Faites attention, Simon ! cria M. Hope en désignant frénétiquement l'autre conducteur. Il vous rattrape !

Les aboiements des chiens se firent plus forts tandis que les traîneaux filaient vers la ligne d'arrivée en rebondissant. La foule qui se pressait de chaque côté de la piste encourageait les deux équipes. Les huskies, langue pendante, semblaient au bord de l'épuisement. Ils touchaient au but ; si seulement Simon Nanogak résistait encore un peu…

– Oui ! s'écria Cathy tandis que le traîneau de Simon volait au-dessus de la ligne tracée sur la neige. Il a gagné !

Une immense clameur monta de la foule.

L'autre conducteur franchit la ligne juste derrière Simon. Il s'immobilisa dans une gerbe de neige fondue. Cathy le vit cogner sur son traîneau d'un poing rageur. Même dans son anorak, il paraissait maigre ; il avait les traits tirés – rien à voir avec le visage rond et amical de Simon.

– Venez, dit Emily Hope. Allons féliciter le vainqueur.

– Et ses chiens ! ajouta Cathy.

– J'ai l'impression que nous allons devoir faire la queue ! dit M. Hope en indiquant deux nouvelles arrivantes qui se frayaient un chemin à travers la cohue. Pani et Mary nous ont pris de vitesse !

Mary Nanogak était une femme discrète au teint hâlé et au sourire timide. Elle portait un grand récipient en plastique rempli d'eau pour abreuver les chiens. Sa fille, Pani, suivait avec une pile d'écuelles. Elle avait onze ans, un an de moins que Cathy. Ses cheveux bruns lui tombaient sur les reins, et elle avait des yeux marron foncé. Elle et Cathy étaient devenues amies tout de suite.

Mary Nanogak sourit en les voyant. Son mari leur fit signe du bras.

– Félicitations, Simon ! lui dit Emily Hope.

– Oui, c'était une course géniale ! s'écria Cathy en baissant son capuchon pour secouer ses cheveux blonds. Bravo !

– Ce sont les chiens qui ont tout fait, dit Simon avec modestie.

– Vous les avez rudement bien dressés ! observa M. Hope.

Pani, agenouillée dans la neige, distribuait les écuelles aux chiens. Cathy s'accroupit à côté d'elle et l'aida à leur verser à boire.

– Et une victoire de plus, lança Pani avec fierté, en caressant Nanook. Cette chienne de tête est rapide comme le vent !

Nanook appartenait à cette variété de husky qu'on appelle inuit canadien. Comme ses congénères, elle avait un museau court, des yeux bleu pâle et de longues pattes fines. Elle se distinguait des autres par son pelage d'un blanc de neige et ses oreilles asymétriques, l'une bien droite et l'autre repliée vers l'avant.

– Tu en as, de la chance, d'avoir autant de chiens à la maison ! lança Cathy.

– Je sais, dit Pani en serrant Nanook dans ses bras. Je les aime tous, mais Nanook est ma préférée. Elle est née le même jour que moi. Nous sommes quasiment jumelles !

– C'est adorable, dit Cathy.

Puis elle fronça les sourcils en constatant que la chienne traînait la patte.

– Hé ! Viens par ici, ma belle. Tu boîtes ?

Nanook se tourna vers elle et inclina la tête sur le côté. Cathy souleva délicatement l'une de ses pattes. Elle eut tôt fait d'identifier le problème.

– Elle n'a rien ? s'inquiéta Pani.

– Non, non. Juste un petit caillou coincé entre les coussinets.

Elle le délogea en douceur. Nanook reposa sa patte sur la neige avec précaution. Puis elle leva la tête et lécha Cathy sur la joue.

– Tu as fait une conquête, dis donc ! s'exclama Pani d'un ton admiratif. C'est rare de la voir adopter quelqu'un aussi vite. Vous êtes amies pour la vie, maintenant ! Nous n'allons pas tarder à rentrer, ajouta-t-elle. Il faut nourrir les chiens, les nettoyer… Ça te plairait de me donner un coup de main ?

– Et comment !

Adam Hope rit doucement et se pencha au côté de Mary, qui ramassait les harnais :

– Laissez-moi vous aider.

– Merci, ce n'est pas la peine, répondit Mary avec son léger accent.

– Vous êtes sûre ?

– Je sais ce que vous avez derrière la tête, Adam ! intervint Simon. Vous essayez de corrompre ma femme pour qu'elle vous refasse le ragoût que vous avez dévoré hier soir !

– L'idée ne m'avait même pas effleuré, protesta Adam Hope en se caressant le menton d'un air innocent. Eh bien, si je ne peux pas me rendre utile, je crois que je vais offrir quelques paroles de consolation au perdant.

Simon jeta un coup d'œil vers l'individu osseux qu'il avait battu et se renfrogna.

– Si vous croyez vraiment que c'est nécessaire, dit-il sèchement.

Pani détourna les yeux d'un air gêné.

– Allez-y tous les deux, proposa Mme Hope. Je vous attends ici.

– D'accord, dit Cathy.

L'atmosphère avait subitement fraîchi. Quel était le problème ?

2

– Je me demande si c'était vraiment une course amicale, fit Cathy à son père alors qu'ils pataugeaient tous les deux dans la neige.

Elle indiqua d'un coup de menton le concurrent malheureux de Simon :

– Il avait l'air furieux d'avoir perdu !

– Son humeur ne semble pas s'améliorer, observa M. Hope. Peut-être avait-il parié sur ses chiens ?

Alors qu'ils s'approchaient, un gros homme en pardessus vert rejoignit le conducteur de traîneau.

– Pas fameux, vos chiens, Monsieur Tupilak, commenta-t-il avec un fort accent canadien. Je croyais que c'étaient les meilleurs de la terre de Baffin ! Je ferais peut-être mieux de m'adresser à Simon Nanogak, en fin de compte.

M. Tupilak grimaça :

– Avec les tarifs qu'il pratique ? Allez, Monsieur Ellison. Je suis sûr que nous allons trouver un arrangement.

Il entraîna son client par le bras, et Cathy se tourna vers ses huskies. Ils n'avaient pas d'écuelles d'eau, pas de caresses de la part de leur maître. Ils en étaient réduits à manger de la neige pour se désaltérer.

Cathy s'approcha d'eux. Elle s'accroupit et fit mine d'en caresser un ; mais il recula craintivement devant sa main. Il s'était emmêlé une patte dans son harnais et, sans réfléchir, elle entreprit de la dégager. Le chien gémit de douleur.

– Attends, marmonna Adam Hope.

Il s'agenouilla à côté du chien et se pencha sur sa patte avant.

– Puis-je savoir ce que vous fabriquez ? fit une grosse voix derrière eux.

Cathy sursauta. C'était M. Tupilak. Il avait terminé sa discussion avec M. Ellison et se dressait au-dessus d'eux, le regard noir.

Sans relever la tête, Adam Hope continua d'examiner le husky et le harnais.

– Ce sont vos chiens, je crois ?

– Et alors ? répliqua l'homme. Mêlez-vous de vos affaires !

Cathy le dévisagea, choquée par une telle grossièreté.

– Mais ce chien est blessé ! bredouilla-t-elle.

L'homme lui adressa un sourire moqueur :

– Vous assistez à une course et vous devenez des experts, c'est ça ?

– Ma fille a raison, déclara M. Hope en se relevant. Je suis vétérinaire, mais il ne faut pas être un expert pour voir que ce chien s'est coincé son ergot dans le harnais.

– Son ergot ?

Adam défit adroitement les sangles de

cuir et libéra le chien. Il désigna le petit ongle pointu à l'arrière de sa patte.

– Là, regardez. C'est une sorte d'orteil supplémentaire à demi formé. Beaucoup de chiens en ont un.

M. Tupilak s'accroupit et jeta un coup d'œil sur la patte de son chien :

– Oh, ça… Une simple égratignure.

– On excise très facilement les ergots des chiens de trait quand ils sont petits, dit froidement M. Hope. Ça leur évite des blessures par la suite. Votre chien a eu de la chance ; un ergot arraché pourrait l'interdire de courses pendant…

– Ça va comme ça ! l'interrompit l'homme en le fusillant du regard. Je n'ai pas besoin qu'on vienne m'apprendre à m'occuper de mes chiens. Vous permettez ? J'ai du travail.

Cathy, impuissante, regarda l'homme pivoter sur ses talons et s'éloigner.

– Viens, Cathy, soupira M. Hope.

Ils rejoignirent Emily Hope et les autres. Simon Nanogak les regarda, l'air sombre.

– Qui est cet homme ? lui demanda Cathy.

– Thomas Tupilak. Il dirige une agence de randonnées en traîneaux, comme Mary et moi, seulement… Il pratique des tarifs imbattables.

– Oui, je l'ai entendu s'en vanter devant un client, fit M. Hope d'un air songeur. Comment fait-il pour être aussi bon marché ?

– C'est simple : il emploie beaucoup moins de monde dans son chenil. Et il soigne ses bêtes lui-même pour éviter de payer un vétérinaire.

– Et ce sont les chiens qui en font les frais.

– Exactement.

Cathy, indignée, regarda les huskies de Thomas Tupilak trottiner à la suite de leur maître en direction d'une remorque.

– Ne peut-on pas le signaler ? demanda-t-elle.

– Nous avons essayé, dit Mary Nanogak. Mais, sans preuves…

– C'est un sournois. L'année dernière, j'ai mis aux enchères une portée de chiots de Nanook. Il savait que je refuserais de les lui céder, alors il a chargé un intermédiaire d'enchérir à sa place.

– Nous avons un mot, ici, pour désigner les gens de son espèce, intervint Pani. *Tiriaq*.

Cathy fronça les sourcils :

– *Tiriaq* ?

– C'est un mot inuit, expliqua Simon. Ça veut dire « fouine ».

Cathy hocha la tête. Ce nom collait parfaitement à l'individu.

– Mon vieux Simon, dit Adam Hope pour détendre l'atmosphère, cette course m'a mis en appétit. Et comme vous avez parlé de ragoût…

Pani sourit :

– C'est vrai, Papa ! Tu as gagné, il faut fêter ça !

– Je veux bien être de corvée de patates, proposa M. Hope.

Mary Nanogak parut perplexe :

– De corvée de quoi ?

– Il veut dire que nous vous donnerons volontiers un coup de main en cuisine, expliqua Emily Hope.

– Et moi, j'aiderai Pani avec les chiens ! déclara Cathy.

– Qu'est-ce qu'on attend ? lança Pani avec un grand sourire. Allons-y !

3

– Nous y sommes, annonça Simon en quittant la rue principale et en engageant sa camionnette sur une route secondaire gelée.

C'était le milieu de l'après-midi, et le ciel s'assombrissait déjà. Le blizzard s'était levé ; les rangées de maisons de ville aux façades sombres avaient cédé la place à des rues désertes, où s'espaçaient des maisons isolées.

Il y avait quelqu'un dans l'allée des Nanogak.

– C’est Grand-Père, dit Pani. Il habite dans la rue voisine. En principe, il est à la retraite, mais il vient souvent nous aider !

L’homme se tourna et les accueillit d’un geste. Il tenait un balai à la main. Cathy lui rendit son salut.

Simon ralentit et, au moment de dépasser le vieil homme, leva un pouce en signe de victoire.

– Merci, Papa !

Les chiens se joignirent à lui en un concert de gémissements et de hurlements rauques typiques des huskies. Le visage tanné du vieil homme s’éclaira.

Simon gara la camionnette, et tout le monde descendit.

– Je suis gelée jusqu’aux os ! s’exclama Mme Hope en reniflant bruyamment.

– On dirait que tu es en train de t’enrhumer, observa M. Hope.

– Un peu d’exercice va vous réchauffer, dit Simon en ouvrant la portière arrière de la camionnette pour faire descendre les chiens.

– Je préfère vous attendre à l’intérieur !

– Veux-tu aller te réfugier dans la maison avec ta mère, Cathy ? proposa Mary Nanogak.

– Non, merci.

La jeune fille prit les deux laisses que lui tendait Simon et se laissa entraîner par Nanook et Sedna, une grande chienne au pelage sombre, vers une spacieuse cour grillagée. La cour, fraîchement balayée, était bordée d'enclos de différentes tailles. Chaque chien avait sa propre niche, surélevée pour que le plancher reste au sec, avec un toit monté sur charnières pour permettre de changer la litière plus facilement. Une rampe inclinée menait à chaque abri. Au-delà de la cour principale, on en apercevait une autre, plus petite.

– Qu'y a-t-il là-bas ? demanda Cathy en libérant Nanook et Sedna.

– Nous y enfermons les femelles qui sont en chaleur, expliqua Simon.

Adam Hope indiqua d'un coup de menton une cabane en bois à l'autre bout de la cour :

– Et ça ?

– C’est la cabane des chiots, répondit joyeusement Pani.

Sedna donna de la voix, déclenchant un concert de jappements à travers la cour. Les autres chiens sortirent accueillir les arrivants. L’air s’emplit bientôt de longs hurlements mélodieux, très différents des aboiements brefs auxquels Cathy était habituée.

Le grand-père de Pani rejoignit le petit groupe, et Nanook lui fit fête. Le vieil homme s’accroupit avec raideur et entreprit de la palper.

– On dirait qu’il l’examine, dit Cathy à son père, à la fois surprise et inquiète.

Elle s’approcha du vieil homme :

– Elle va bien, dites ?

Le vieil homme lui sourit gentiment :

– Mais oui.

Puis il se tourna vers Simon :

– Donne-lui un peu plus de viande fraîche, ce soir. Elle a besoin de reconstituer sa couche de graisse, et de boire beaucoup.

– Vous voyez ça rien qu’en la touchant ? s’émerveilla Cathy.

Le vieil homme hocha la tête ; puis il lui tendit la main :

– Je m'appelle Solomon. Et toi ?

Cathy lui serra la main en souriant :

– Cathy Hope. Enchantée.

– Voilà quarante ans que mon père élève des huskies, déclara Simon. Ces chiens n'ont plus de secrets pour lui. Bon, je vous laisse, j'ai quelques détails à régler en ville.

Il sauta dans sa camionnette et remonta l'allée. Nanook le regarda s'éloigner, puis partit en trottinant dans le sens opposé. Au lieu de rejoindre les autres chiens, elle traversa la cour et vint se poster devant le grillage, le regard perdu dans les ténèbres.

– C'est tout Nanook ! commenta Solomon en hochant la tête d'un air pensif. Elle n'aime pas se mêler aux autres chiens.

– C'est pourtant elle qui mène l'attelage, s'étonna Cathy.

– Précisément – elle dirige, elle ne suit pas. Un vrai loup solitaire.

– Je me demande ce qu'elle regarde, murmura Cathy.

– Qui sait ? fit Solomon. Elle pense peut-être à la randonnée de demain.

– Une randonnée ? Où ça ? s'enquit M. Hope.

– À travers le parc national du Katannilik, répondit Mary. Un circuit de trois jours en traîneau.

Cathy lança un regard tout excité à son père :

– Ça a l'air génial !

– Il reste des places ? demanda M. Hope.

– Je ne sais pas. Simon est parti vérifier les inscriptions et récupérer les acomptes des clients. Je suis désolée, nous aurions dû vous en parler hier soir. Nous vous avons inscrits pour le circuit court, vendredi, mais nous pensions que vous seriez trop occupés pour une excursion de trois jours.

– C'est vrai que nous devons réunir des chiffres sur le tourisme local…

Cathy l'interrompit :

– Mais, Papa, une randonnée en traîneau ! Il n'y a pas de meilleure manière de découvrir la terre de Baffin !

Son père sourit :

– Je dois reconnaître que tu n'as pas tort, Cathy.

– Nous demanderons à Papa ce soir, promit Pani. Ce serait formidable si vous pouviez venir avec nous.

– Croisons les doigts, dit Cathy.

4

Cathy et son père secouèrent longuement leurs chaussures sous le porche, pour faire tomber la neige incrustée dans leurs semelles, puis se débarrassèrent de leurs anoraks et rentrèrent dans la cuisine.

Emily Hope était assise à la grande table en bois, devant une tasse de café fumant. Ses cheveux roux lui retombaient sur le visage, et elle avait les yeux rouges et cernés.

– Comment te sens-tu, Maman? lui demanda Cathy.

– Pas très bien, fit l'intéressée entre deux reniflements. Mais je tiens le coup. J'ai même relevé tes e-mails. Tu en as reçu un de James.

– Chouette ! s'écria Cathy.

Elle monta les escaliers quatre à quatre et se jeta sur l'ordinateur portable dans la chambre de ses parents. Grâce aux e-mails de James, elle se tenait au courant de tout ce qui se passait chez eux, en Angleterre.

Quand elle redescendit dans la cuisine, elle fut accueillie par un éternuement.

– À tes souhaits, Maman. Papa t'a parlé de la randonnée en traîneau ?

L'air malheureux, Emily Hope fit oui de la tête :

– Je ne grois bas que je zerai en édat de vous aggombagner. Dobbage !

– Tu sais, on n'est pas encore partis ! lui rappela Adam Hope. Peut-être qu'il ne reste plus de places…

Simon revint juste à temps pour le dîner. Tout le monde était déjà attablé dans la cuisine, flairant avec délices le fumet qui s'échappait du four. Mary leur servit du ragoût de poisson et du *poutine*, un savoureux plat du Canada français à base de pommes de terre et de fromage fondu. Mais, tandis que Cathy et les autres attaquaient la nourriture de bon appétit, Simon restait silencieux, le visage sombre.

– Tout va bien ? lui demanda Mary Nanogak.

Simon secoua la tête :

– Cinq personnes se sont désistées pour demain.

– Cinq ! s'exclama Pani.

– Sur les dix qui avaient signé.

Simon soupira :

– Ils ont dit qu'ils partiraient plus tard dans la semaine, avec Thomas Tupilak.

– Combien de personnes prenez-vous par traîneau, Simon ? demanda Adam Hope.

– Jusqu'à six. Avec deux traîneaux, on peut emmener confortablement dix touristes et leurs conducteurs.

– Donc, vous avez juste assez de monde

pour remplir un traîneau, conclut Cathy.

– À peine de quoi rentabiliser l'excursion, dit Solomon.

– Mais... Papa et moi ne demandons qu'à venir, dit Cathy. Nous pourrions peut-être monter dans le deuxième traîneau ?

Simon prit un air navré :

– Je regrette, Cathy. Un traîneau à moitié vide ne couvrirait pas les frais d'un deuxième conducteur, sans compter l'eau et la nourriture pour les chiens.

– En tout cas, conclut Adam Hope, si d'autres personnes vous font défaut, nous serons heureux de les remplacer.

En allant au lit ce soir-là, Cathy pria pour qu'il se produise quelque chose qui lui permette de se joindre à cette expédition dans le parc. Elle chercha longuement le sommeil, comptant non pas les moutons, mais les caribous. Le matin lui semblait aussi lointain que l'Arche des Animaux, à l'autre bout du monde.

Une sonnerie tira brutalement Cathy d'un sommeil agité. Elle tendit machinalement la main vers le réveil avant de se rappeler qu'elle n'était pas chez elle. Le bruit provenait du téléphone des Nanogak.

Cathy s'extirpa de son lit, s'habilla rapidement et sortit dans le couloir.

– Tu es bien matinale, ma chérie ! remarqua Adam Hope en émergeant de la salle de bains.

– Y a-t-il du nouveau pour la randonnée ? demanda Cathy.

– Allons poser la question, d'accord ?

Ils descendirent au rez-de-chaussée, où Simon raccrochait le combiné.

– Un couple que je n'ai pas pu voir hier, annonça-t-il. M. et Mme Richards. Ils confirment leur présence. Au moins, je ne serai pas obligé d'annuler l'excursion.

– Excellente nouvelle ! s'écria Cathy.

– Sauf que... ça ne libère aucune place pour vous deux, regretta Simon. Je suis désolé.

Adam Hopc haussa les épaules :

– Ne le soyez pas. Il y a plein de choses à voir à Kimmirut – pas vrai, Cathy ?

Cathy fit oui de la tête en cachant sa déception. Au même instant, quelqu'un frappa à la porte de derrière, et Simon alla ouvrir.

Cathy et M. Hope le suivirent dans la cuisine. Un homme imposant, emmitouflé dans des habits chauds d'aspect coûteux, se tenait sur le pas de la porte.

– C'est l'homme qui discutait de la course avec M. Tupilak, chuchota Cathy à son père.

Adam Hope hocha la tête.

– Mon nom est Tom Ellison, déclara l'homme. Je m'excuse de vous déranger si tôt le matin, mais je viens discuter affaires.

– Affaires ? répéta poliment Simon.

– On m'a dit que vous aviez une excursion en traîneau prévue pour aujourd'hui. J'aimerais réserver trois places.

Cathy agrippa son père par le bras.

– Trois pour lui, deux pour nous..., souffla-t-elle. À cinq personnes par traîneau...

Simon se retourna vers Cathy et Adam Hope avec un sourire surpris :

– Ma foi, si vous êtes toujours partants…

– Plus que jamais ! répondit Adam Hope.

– Eh bien, Monsieur Ellison, je prends votre réservation ! annonça gaiement Simon.

Cathy applaudit et se jeta dans les bras de son père.

M. Ellison ne leur prêta aucune attention.

– Je sais que je vous préviens au dernier moment, dit-il à Simon. J'avais signé chez ce Thomas Tupilak, mais quand j'ai vu vos chiens battre les siens, j'ai changé d'avis.

– J'aime m'offrir ce qu'il y a de mieux.

Simon régla avec lui les derniers détails de l'excursion. Puis il lui dit au revoir et se retourna vers Cathy et son père, l'air réjoui.

M. Hope lui serra chaleureusement la main :

– Les affaires reprennent, on dirait !

– Départ à onze heures ce matin, annonça Simon.

– Je préviens ta mère, dit Adam Hope à Cathy en se dirigeant vers les escaliers.

– Et moi, Pani, lança Cathy. Ça va être une randonnée inoubliable !

5

– Tu es prête ? demanda Adam Hope en voyant Cathy sortir de sa chambre.

La jeune fille hocha la tête. Son père haussa un sourcil devant l'énorme sac de sport qu'elle transportait.

– Heu…, commença-t-il.

– J'emporte trois fois rien ! protesta Cathy. Comment va Maman ?

– Ah, elle a un peu changé de couleur, fit M. Hope. Elle est… verte de jalousie !

Cathy sourit malgré elle et alla dire au revoir à sa mère.

– Parée pour le grand départ ? dit Emily Hope, assise dans son lit avec une boîte de mouchoirs en papier à portée de main. J'aurais aimé venir avec vous, tu sais.

– Moi aussi, je préférerais que tu viennes ! dit Cathy en se penchant pour l'embrasser.

Devant la maison, Simon discutait en inuktitut avec un homme accroupi auprès d'un des traîneaux. Il se tourna vers M. Hope et sa fille :

– Adam, Cathy, je vous présente Gaborik, votre conducteur.

– Enchanté ! leur lança Gaborik d'une voix grave.

Il ne mesurait que quelques centimètres de plus que Cathy, mais avait l'air vigoureux. « Comme un husky », songea Cathy. Ses longs cheveux noirs étaient plaqués en arrière, et ses yeux bruns pétillaient.

– Je viens juste de nettoyer et d'inspecter le traîneau, expliqua-t-il.

– On y va, Papa ? demanda Pani en rejoignant le petit groupe avec son sac.

– J’ai donné rendez-vous aux autres devant le bâtiment de la direction du parc, répondit Simon. Je passe le premier !

Ils s’engagèrent sur la grand-route. Chaque traîneau était tiré par six chiens. Cathy, son père et Pani étaient montés dans celui de Gaborik ; celui de Simon était vide, prêt à recevoir les touristes.

Le soleil brillait, faisant étinceler les congères. Cathy saisit un reflet au cou de Pani et plissa les paupières.

– Très joli, ton collier, la complimenta-t-elle.

Pani sourit :

– Merci. C’est ma mère qui l’a fait. Elle vend des bijoux artisanaux.

– Ces pierres sont magnifiques. Qu’est-ce que c’est ?

– Des apatites rouges, une sorte de cristal de roche. On en trouve beaucoup par ici.

– J’ouvrirai l’œil, dit Cathy.

Le bâtiment de la direction du parc du Katannilik apparut bientôt devant eux. Quelques touristes attendaient déjà sur place.

– Vous avez dix minutes de retard, leur fit remarquer M. Ellison d'un ton bourru. Nous avions dit onze heures, Monsieur Nanogak.

– On s'en fiche, Tom, dit la femme qui se tenait à ses côtés.

Mince et jolie, elle parvenait à rester séduisante avec ses après-ski et son gros anorak vert foncé.

– Ne commence pas à faire des histoires, reprit-elle.

– Je ne fais pas d'histoires Julie, protesta M. Ellison. Simplement, quand on me dit onze heures…

– Je vous présente toutes mes excuses, se hâta de dire Simon. Les autres touristes ne devraient plus tarder. En attendant, laissez-moi embarquer vos affaires.

– J'espère que c'est solide, ces trucs-là, fit l'homme qui accompagnait les Ellison.

Il avait des cheveux blonds clairsemés et une moustache en broussaille.

– C'est même très confortable, lui assura le père de Cathy en lui tendant la main. Je m'appelle Adam Hope, au fait.

L’homme prit sa main et la serra :

– Ben Page, l’associé de Tom. Je viens d’arriver de Toronto.

Julie Ellison adressa un sourire enjôleur à Cathy :

– Et toi, d’où viens-tu, ma chérie ?

Cathy lui rendit son sourire :

– D’Angleterre.

– C’est vrai ? C’est là que je voulais que nous passions nos vacances, mais Tom a insisté pour que nous venions nous geler ici…

– Oui, eh bien, c’est fait, maintenant, jeta sèchement Tom Ellison en s’installant dans le traîneau. On y va, ou quoi ?

Il indiqua le grand caribou peint sur le mur du bâtiment :

– J’ai hâte d’en voir des vrais.

Mais, quand Gaborik hissa les bagages des Ellison à l’arrière de leur traîneau, Cathy sentit son sang se glacer : la fermeture éclair d’un des sacs de voyage s’était ouverte. Et, dans l’entrebâillement, on distinguait clairement l’acier gris et froid d’un fusil de chasse !

– Papa, souffla Cathy en indiquant le sac. Papa, regarde !

M. Hope se leva aussitôt pour parler à Simon.

– Drôle de matériel pour une excursion, Monsieur Ellison, observa calmement celui-ci.

– Quoi ? Le fusil ? fit Tom Ellison, l'air surpris. Où est le problème ?

– La chasse est interdite dans le parc.

– Pourquoi ? s'étonna Ben Page. Vous avez des caribous à ne plus savoir qu'en faire. Il y en a des milliers.

– Les animaux sauvages sont protégés ici, répondit froidement Simon.

– Ça va, inutile de s'énerver, rétorqua M. Ellison. Ben plaisantait. Hein, Ben ?

– Ouais, c'est ça ! marmonna Ben.

Gaborik s'approcha pour voir ce qui se passait. Il ne parut pas plus amusé que Simon.

– Ici, on ne tue pas les animaux sauvages pour le plaisir, dit-il fermement.

– Très bien… Puisque vous insistez, dit

le gros Canadien avec un sourire forcé. Nous garderons nos fusils dans les sacs.

– Merci, dit Simon.

Au même instant, un taxi s'immobilisa sur le parking. Un couple entre deux âges, chaudement vêtu, en descendit. Simon lui fit signe de la main.

– Voilà M. et Mme Richards.

– Alors, nous sommes au complet, conclut Gaborik.

Simon hocha la tête :

– Je vais les aider à porter leurs sacs.

Avec un dernier coup d'œil à M. Ellison, il alla vers le taxi.

M. Hope sourit à sa fille.

– Comme ça, c'est réglé, murmura-t-il.

Cathy acquiesça machinalement. Mais le regard de connivence qu'elle avait surpris entre M. Ellison et Ben Page ne lui disait rien qui vaille.

À cet instant, Gaborik lança un ordre, et Nanook tira sur les sangles, menant l'attelage hors du parking gelé pour s'engager sur la piste. M. Hope, assis à l'avant, tapa dans ses mains gantées, et des hourras montèrent du traîneau conduit par Simon, qui suivait juste derrière.

Pani pressa le bras de Cathy tandis que leur traîneau prenait de la vitesse :

– C'est parti !

Des touristes qui flânaient devant les vitrines leur firent signe au passage, et les randonneurs leur répondirent en agitant les bras. Bientôt les maisons s'espacèrent. À un carrefour, un chasse-neige les croisa dans un grondement de moteur, et Gaborik échangea un salut amical avec le chauffeur ; puis le bruit mourut dans le lointain, et un grand calme descendit sur la terre gelée. Les patins des traîneaux sifflaient sur la neige. Les chiens emmenés par Nanook couraient en silence, le regard fixé sur la piste. Une demi-heure plus tard, Kimmirut était loin derrière, simple petite tache sombre à l'horizon.

6

L'immensité blanche et plate du Katannilik s'étendait à perte de vue, brisée çà et là par une touffe de bruyère arctique ou un bosquet de saules nains. Les traîneaux s'enfoncèrent dans une grande vallée moutonnante traversée par une rivière vert émeraude.

– C'est magnifique ! souffla Cathy.

– C'est le pays des Tuniit, lui apprit Gaborik. Ouvrez l'œil, il réserve toujours des surprises.

– Les Tuniit? répéta Julie Ellison.

– Le peuple qui vivait là avant l'arrivée des Inuit.

– Oh, fit Tom Ellison avec un clin d'œil à son associé. Des fantômes, quoi !

– Si vous voulez. Ils étaient réputés pour leur force et leur endurance. Les légendes racontent qu'ils dormaient suspendus par les pieds pour être de meilleurs coureurs. D'après les anciens, on peut parfois les apercevoir en petits groupes dans les collines, vêtus de peaux de caribous.

Cathy sourit à son père. C'était une belle histoire.

– Vous me donnez froid dans le dos, se plaignit Mme Ellison en frissonnant.

– Allons, Julie ! protesta son mari. Des silhouettes dans le lointain, qui ressemblent à des caribous ? Je te parie ce que tu veux que ce soit vraiment des caribous.

Ben Page et lui s'esclaffèrent. Gaborik se contenta de lever les sourcils et reporta son attention sur la piste.

Ils poursuivirent leur route. Les huskies montaient une colline en s'enfonçant dans la neige sans donner de signe de fatigue, même quand la pente se fit plus rude. La rivière serpentait en contrebas, jusqu'à un endroit où elle finit par se jeter dans le vide dans une explosion d'écume.

– Une cascade ! s'exclama Cathy.

– C'est la signification du mot Katannilik, lui expliqua Pani en contemplant l'eau bouillonnante. La région des cascades.

– Qu'est-ce que c'est ? demanda subitement Adam Hope alors qu'ils atteignaient le sommet de la colline et que le terrain s'aplanissait. Là-bas…

Cathy suivit son regard. Elle ne vit qu'une grande tache noire sur le sol gelé, surprenante au milieu de toute cette blancheur.

– Simon va aller jeter un coup d'œil, annonça Gaborik en désignant l'autre traîneau, qui changeait de cap.

Il jeta un ordre à ses chiens, et ils obliquèrent à leur tour. En approchant de l'affreuse tache sombre, Cathy comprit de quoi il s'agissait.

– Des cendres ! s'exclama-t-elle.

– Oui, quelqu'un a fait un feu de camp ici, confirma son père.

– C'est illégal hors des zones de campement, grogna Gaborik.

Une fois sur place, ils virent toutes sortes d'ordures dispersées aux alentours. Des canettes écrasées gisaient à côté de sachets de chips vides et de papiers d'emballage ; des sacs en plastique poussés par le vent claquaient et glissaient sur la neige, comme de drôles d'animaux.

– C'est dégoûtant ! s'écria Cathy.

Simon avait déjà mis pied à terre, et il regardait autour de lui, exaspéré. Gaborik le rejoignit. Les chiens restèrent debout, silencieux, observant la scène, les oreilles bien droites, soufflant des panaches de vapeur dans l'air glacé.

– Comment peut-on faire une chose pareille ? s'indigna Cathy en avisant les troncs tailladés des saules voisins, dont on avait manifestement coupé les branches pour alimenter le feu. Il y a tellement peu d'arbres par ici ! C'est... c'est stupide ! Ça gâche le paysage pour tout le monde.

– Sûr que c'est un joli coin, commenta impatiemment M. Ellison. Raison de plus pour ne pas perdre notre temps à contempler ces détritus.

M. Hope hocha vigoureusement la tête :

– Vous avez tout à fait raison.

– Papa ! s'exclama Cathy, stupéfaite.

– Contempler ces détritus est une perte de temps, poursuivit-il. Il faut les ramasser. Vous venez ?

Il descendit du traîneau.

Avant que Cathy ne puisse l'imiter, un cri lugubre déchira le silence. Son écho se propagea dans la vallée, long ululement mélancolique, suivi aussitôt d'un autre. Cathy tendit le cou et scruta les parages, mais la vallée semblait déserte. Les huskies s'agitèrent en poussant de petits gémissements inquiets. Nanook seule demeura imperturbable ; les oreilles dressées, elle semblait toute tendue vers cet étrange appel.

– Qu'est-ce que c'était ? souffla Cathy.

– Des loups, dit Simon. Plusieurs. Et pas très loin, j'ai l'impression.

Les touristes se mirent à parler tous en même temps tandis qu'un nouveau hurlement résonnait dans la vallée. Cathy vit Mme Ellison se cramponner au bras de son mari, qui n'en menait pas large non plus.

– Est-ce l'odeur des restes qui les a attirés ? demanda M. Hope.

– C'est possible. Ces animaux ont un flair incroyable.

– On ferait mieux de ficher le camp d'ici ! dit nerveusement Ben Page.

– Vous avez raison, reconnut Simon. Nous allons vous conduire au refuge, et nous reviendrons après nettoyer ce gâchis.

– Il va bientôt faire nuit, Papa, objecta Pani.

– Ne t'inquiète pas, ma chérie. Nous n'en aurons pas pour longtemps.

– Et si les loups vous attendent au retour ? demanda M. Hope.

– Vous serez bien contents qu'on ait pris nos fusils, lança M. Ellison.

– Mais non, fit Simon avec un soupçon d'impatience. Ils n'attaquent pas l'homme. De toute façon, nous avons des fusées de détresse. S'ils font mine d'approcher, nous n'aurons qu'à en tirer une pour les effrayer.

– Je viendrai avec vous, déclara M. Hope.

– Merci. Vous ne serez pas de trop.

– Peut-on y aller, maintenant ? s'exclama Mme Ellison avec nervosité.

Ils regagnèrent leurs places. Gaborik et Simon crièrent des ordres. Les traîneaux s'ébranlèrent et partirent dans le crépuscule.

7

La nuit était tombée quand ils arrivèrent au refuge. Les chiens ralentirent et s'arrêtèrent d'eux-mêmes, obéissant à une longue habitude.

– Désolé, mes beaux, leur dit Gaborik en mettant pied à terre, mais ce n'est pas fini pour aujourd'hui. Nous avons encore du travail.

Simon aida les touristes à descendre tandis que Gaborik déchargeait les bagages.

– Viens, Cathy, dit Pani en enjambant le côté du traîneau. Allons nous mettre au chaud.

– Y a-t-il des gens qui habitent ici? demanda Cathy.

– Non, seulement les randonneurs de passage.

Elles poussèrent la porte et découvrirent une grande salle bordée de bancs en bois. Pani courut à un boîtier métallique sur le mur, laissant des traces de neige sur les planches rugueuses.

– Du chauffage! s'écria Cathy, dont les yeux brillèrent.

Pani pressa l'interrupteur:

– Il fera meilleur dans un moment!

– Merci, ma chérie, dit Mme Ellison avec reconnaissance en les rejoignant. Je ne sens plus mes doigts ni mes orteils!

Elle inspecta les lieux d'un air critique:

– C'est un peu rustique, non?

Tom Ellison hocha la tête:

– Tu as fichtrement raison!

– Oh, ce n'est pas si mal, intervint M. Richards depuis le seuil. Regardez, il y a même une radio.

– Les couchettes sont par là, dit Gaborik

en indiquant une séparation au fond de la pièce.

Il poussa une porte à côté de lui et continua :

– Et voici la cuisine. Les toilettes et la salle de bains sont derrière l'autre porte, là-bas. Installez-vous et mettez-vous à l'aise. Pani, veux-tu préparer du thé et un peu de soupe pour nos invités ?

Pani hocha la tête et disparut dans la cuisine. Cathy lui emboîta le pas. Quelques instants plus tard, en jetant un coup d'œil par la fenêtre, elles virent les traîneaux disparaître dans l'obscurité.

– Pourquoi ont-ils pris les deux ?

– Pour ne pas perdre de temps à détacher et installer la moitié des chiens avant de partir, expliqua Pani en sortant des tasses d'un placard. Ils seront vite revenus, tu verras.

Le thé et la soupe en boîte remportèrent un vif succès. Ensuite, les randonneurs s'assirent en cercle dans la grande salle pour se raconter des histoires de feu de camp. Cathy et Pani se mirent à l'écart, près de la fenêtre, et jouèrent à tracer des animaux dans la buée sur la vitre.

Cathy amorçait la silhouette d'un poney du bout de l'index quand son attention fut attirée par des éclats de voix dans la cuisine. En jetant un coup d'œil par la porte entrouverte, elle aperçut Tom et Julie Ellison qui se disputaient.

– En quoi est-ce si important pour toi ? demandait Mme Ellison.

– Ben et moi sommes venus ici pour nous détendre, grommela son mari. J'ai l'intention de laisser tous les soucis derrière nous ! Rien que la chasse et la pêche…

– Vous ne pouvez pas vous contenter *d'observer* les animaux ? Ce sont aussi mes vacances ! rétorqua Julie.

– Payées par qui ? siffla Tom Ellison. Par moi ! J'en veux pour mon argent, c'est tout.

Il sortit un minuscule téléphone portable.

– Tom, je t'en prie, laisse tomber cette idée ! s'écria sa femme.

Cathy n'aimait pas écouter aux portes,

mais cette conversation la concernait. Elle allait en parler à son amie quand deux lumières jaunes dans le lointain se reflétèrent sur la vitre.

– Les voilà ! s'écria-t-elle.

– Viens, dit Pani. On va les accueillir !

Elles enfilèrent rapidement leurs manteaux, leurs écharpes et leurs gants, prirent des torches et traversèrent la cuisine. Mme Ellison leur sourit, puis reprit son expression soucieuse. Cathy fronça les sourcils. Où donc avait disparu son mari ?

Les deux jeunes filles sortirent dans la nuit glacée. Cathy balaya les environs avec le faisceau de sa torche.

– Où vont dormir les chiens ? demanda-t-elle.

– D'habitude, ils passent la nuit sur les terrasses où les gens plantent leurs tentes en été, expliqua Pani en braquant sa torche sur une série de plates-formes neigeuses à flanc de colline. Il y a des piquets, des chaînes ; et puis, ils sont à l'abri du vent, là-bas.

Un grincement les fit sursauter. Cathy se

retourna et vit la porte de la cuisine se refermer sur Tom Ellison, qui rangeait son téléphone portable dans sa poche.

« S'il voulait passer un appel, pourquoi il ne l'a pas fait de l'intérieur ? » se demanda Cathy.

Les jappements et les grognements des huskies se firent plus nets, et les traîneaux s'arrêtèrent devant le refuge. Les jeunes filles les saluèrent avec des cris de joie.

– Quel accueil ! s'exclama Adam Hope, qui tenait un gros sac poubelle dans ses bras. Ça fait chaud au cœur par un temps pareil !

– Nous avons tout nettoyé, annonça Gaborik. Vous nous avez gardé de la soupe ?

– Bien sûr, dit Cathy. Vous avez vu les loups ?

Adam Hope secoua la tête. Des flocons de neige tombèrent de sa moustache et de la doublure de son capuchon.

– Non, dit-il. Nous les avons entendus, mais ils sont restés dans les collines.

– Vous voulez bien commencer à installer les chiens ? demanda Simon aux deux jeunes filles. Nous devons nous réchauffer un peu avant de leur préparer à manger.

– D'accord, dit Cathy tandis que Pani courait déjà chercher le matériel à l'arrière des traîneaux.

Elles eurent tôt fait de distribuer les gamelles et de mener chaque husky à sa place. Quand elles revinrent à l'intérieur, Cathy grelottait, mais les chiens étaient bien au chaud, blottis les uns contre les autres sur leur plate-forme, à l'abri d'une grande bâche goudronnée.

M. Hope les accueillit dans la cuisine :

– Et maintenant, Mesdemoiselles, il est temps de vous coucher.

– Je veux être avec Cathy, déclara Pani.

– Je l'aurais parié ! dit M. Hope avec un grand sourire. On vous a gardé les deux places du fond.

– Super !

Le dortoir commun était constitué de couchettes superposées, séparées par des panneaux en bois pour préserver un semblant d'intimité. Pani gagna celles qui se trouvaient tout au fond, contre le mur.

– C'est le meilleur endroit, chuchota-t-elle. Il n'y a personne pour vous déranger en se levant pendant la nuit. Tu préfères le haut ou le bas ?

– Le bas, si tu veux bien, répondit Cathy en bâillant.

Elle testa le mince matelas sous les couvertures rêches. Rien de comparable à son petit lit douillet, là-bas, en Angleterre ; cependant elle ne l'aurait pas échangé contre tout l'or du monde.

– Elle est géniale, cette randonnée ! dit-elle à Pani. Je suis drôlement contente d'être venue !

– Attends qu'on arrive au plateau, demain. Les caribous adorent cet endroit. On va en voir des dizaines !

Cathy fronça les sourcils :

– J'espère que M. Ellison et son ami les laisseront tranquilles.

– Ils seront avec nous, dans les traîneaux. Que veux-tu qu'ils fassent ?

Cathy eut un sourire forcé :

– Tu as raison.

Mais cette nuit-là, couchée dans le noir, Cathy ne put s'empêcher de repenser à Tom Ellison. Qu'est-ce qui avait pu irriter à ce point Mme Ellison ? Elle tourna et retourna la question dans sa tête et, quand elle finit par s'endormir, bercée par le bruit étouffé des conversations et des rires des adultes dans la pièce voisine, elle rêva de caribous parcourant des plaines enneigées.

8

Cathy fut tirée du sommeil par des voix nerveuses et des bruits de bottes sur le plancher. Elle se frotta les yeux et appela Pani. Mais celle-ci n'était pas dans sa couchette. Pourtant, il faisait à peine jour. Cathy n'était quand même pas la dernière à se lever?

La porte s'ouvrit et son amie entra dans le dortoir, la mine troublée.

– Qu'y a-t-il? demanda Cathy, soudain parfaitement réveillée.

Sans répondre, Pani l'entraîna le long des rangées de couchettes. Derrière les cloisons, on entendait les autres touristes remuer et discuter à voix basse.

– Regarde, dit Pani en lui montrant les premières couchettes, les plus proches de la porte.

Cathy sentit son estomac se nouer :

– Deux couchettes vides ? s'écria-t-elle. Tom Ellison et Ben Page ?

Pani hocha gravement la tête :

– Et ils ont pris leurs fusils !

Cathy courut dans la grande salle, où elle trouva Simon et son père, tout habillés.

M. Hope salua les deux jeunes filles, mais Cathy crut lire de l'inquiétude dans ses yeux.

Julie Ellison, vêtue d'un chaud pyjama bleu, était recroquevillée sur une chaise. Elle paraissait très pâle sans maquillage.

– Je suis vraiment désolée, disait-elle. Tout ce que je peux vous dire, c'est qu'ils sont partis !

M. Nanogak lui sourit gentiment :

– Nous voyons bien qu'ils sont partis, et pas pour une simple balade puisqu'ils ont emporté leurs affaires. Mais où sont-ils allés ? Et pourquoi sans prévenir ?

Mme Ellison haussa les épaules avec impuissance :

– Ils ont décidé ça sur un coup de tête... Je... je suppose qu'ils ont préféré continuer la randonnée de leur côté.

– Les inconscients ! s'exclama Simon. Le parc est dangereux pour ceux qui ne le connaissent pas. S'ils se perdent, ou se font surprendre par le mauvais temps...

– Quand sont-ils partis ? demanda Adam Hope.

– Je ne sais pas exactement.

Mme Ellison se tordait les doigts nerveusement.

– Il y a une heure ou deux, peut-être..., poursuivit-elle.

– Je suis responsable de leur sécurité, déclara fermement Simon. Nous devons absolument les retrouver.

La porte d'entrée s'ouvrit à la volée, laissant l'air glacé s'engouffrer dans la salle. Gaborik referma derrière lui et secoua la tête.

– Aucun signe d'eux, rapporta-t-il. Mais j'ai suivi leur piste jusqu'à des traces de pneus. On est venu les chercher.

Adam Hope fronça les sourcils :

– Qui aurait fait tout ce chemin dans la neige, au milieu de la nuit ?

Cathy se tourna vers Pani, tout excitée :

– Hier soir, tu te souviens, quand tu m'as montré où dormiraient les chiens ?

Elle pivota vers Mme Ellison :

– Vous discutiez dans la cuisine, et M. Ellison est sorti téléphoner avec son portable. Vous…

Elle hésita, ne voulant pas être grossière.

– Vous ne sembliez pas très contente, finit-elle.

– C'est vrai ? demanda doucement Simon à Mme Ellison.

Elle fit oui de la tête :

– Il a dit que c'étaient ses vacances, qu'il voulait en avoir pour son argent. Que si vous ne vouliez pas l'emmener chasser et pêcher, il s'adresserait à quelqu'un d'autre.

– Et nous savons tous à qui, pas vrai ? grinça Gaborik. Qui prendrait le volant pour conduire dans la neige en pleine nuit, pour ramasser quelques dollars ?

– Thomas Tupilak, répondirent en chœur Pani et Cathy.

Simon regarda longuement Mme Ellison :

– J'avais averti votre mari que la chasse est strictement interdite dans le parc. Les autorités ne plaisantent pas avec ce genre de délit. Si nous ne les retrouvons pas très vite, ils risquent de sérieux ennuis.

– Et si nous appelions Tupilak ? suggéra Adam Hope. Il faut leur faire entendre raison !

– Bonne idée, répondit Simon.

Il sortit son portable et tapota sur les touches.

– Je connais son numéro par cœur. On ne peut pas faire deux pas sans tomber sur ses prospectus !

Tout le monde attendait dans un silence tendu. Gaborik tournait en rond comme un fauve en cage. Une minute plus tard, Simon raccrochait rageusement :

– Il ne répond pas !

Puis il baissa les yeux sur l'écran d'affichage.

– C'est le bouquet ! Je n'ai presque plus de batterie. Je vais devoir éteindre mon portable pour l'économiser, s'énerva-t-il.

– Que fait-on, maintenant ? demanda Cathy.

– Tu vas essayer de les rattraper, Papa ? s'inquiéta Pani.

Simon soupira bruyamment :

– Je n'ai pas le choix. Ce sont mes clients, et ils sont sous ma responsabilité. Je dois à tout prix les retrouver.

– Mais ils ont une sacrée avance ! protesta Gaborik. S'il faut suivre une camionnette en traîneau…

Simon se tourna vers Julie Ellison :

– Votre mari a-t-il laissé entendre où il comptait aller ?

Elle réfléchit :

– Je ne crois pas… Attendez ! Il me semble qu'il a parlé d'une chute d'eau.

– Ce n'est pas ce qui manque dans ce

parc, dit Gaborik d'un air maussade.

– Rien d'autre ? l'encouragea Adam Hope.

– Je me souviens de les avoir entendus parler avec Ben de leur... « appétit » de caribous. Ça les faisait beaucoup rire. Pas moi.

Cathy frissonna et se détourna. Pani baissa les yeux.

– Une minute ! fit Simon. Je connais un endroit dans les collines où on trouve beaucoup de caribous en cette saison. Ils montent là-haut parce que le vent chasse la neige et dénude le lichen. Ils n'ont plus qu'à brouter. Il y a une grande chute d'eau juste à côté.

– Allons-y ! lança Gaborik. Je vais préparer les chiens.

– Non, dit Simon. J'y vais seul. Toi, tu restes ici pour t'occuper des autres.

Gaborik ouvrit la bouche pour protester, mais Simon l'interrompit d'un geste.

– Ne perdons pas de temps à discuter. La randonnée est suspendue. Tout le monde devra attendre ici que la situation soit éclaircie.

– Je suis absolument désolée, dit Mme Ellison.

Simon haussa les épaules :

– Avec un peu de chance, ce ne sera qu'un petit incident.

– Laissez-moi vous accompagner, dit Adam Hope. Nous arriverons peut-être à temps pour les empêcher de faire une bêtise. En revanche, s'ils ont blessé un animal, vous aurez besoin de moi.

Simon réfléchit un instant, puis hocha la tête :

– Entendu. Merci, Adam.

– Moi aussi, je viens ! fit aussitôt Cathy.

– Oh non, ma chérie ! rétorqua son père sur un ton sans appel. Tu nous attends ici, en sécurité.

Cathy se mordit la lèvre. Pani lui pressa le bras tandis qu'elles regagnaient le dortoir.

– Ils ne prennent qu'un seul traîneau, fit-elle observer. Nous pourrons toujours prendre l'autre pour faire courir les chiens en les attendant.

Cathy se força à sourire.

– Bonne idée, dit-elle en pêchant des vêtements propres dans son sac. La dernière habillée prépare le petit déjeuner !

9

Pour la centième fois, Cathy consulta sa montre. Il était presque onze heures : cela faisait trois heures que son père et M. Nanogak étaient partis.

Gaborik avait emmené les touristes en promenade dans les environs, mais l'épaisse couche de neige tombée pendant la nuit rendait la marche difficile, et ils avaient rebroussé chemin pour se mettre au chaud. Mme Ellison restait dans le dortoir, évitant le regard des randonneurs.

Sedna et les autres huskies s'ébattaient

joyeusement dans la neige ; seule Nanook demeurait à l'écart, immobile, fixant l'immensité blanche.

– Ton grand-père dit que Nanook est un loup solitaire, fit Cathy d'un air pensif.

Elle contemplait avec admiration la ligne souple et les longues pattes fines de la chienne. Sa tête était plus pointue que celle des autres huskies, et son pelage blanc semblait plus long et plus fourni.

– Eh bien, s'esclaffa Pani, espérons qu'elle ne nous ramènera pas ses congénères !

Cathy sourit.

Soudain, une silhouette fugitive dans le ciel lui fit lever les yeux. C'était un faucon, volant très haut ; sa présence silencieuse avait quelque chose de menaçant. Avait-il repéré un animal blessé à proximité ? Était-il à la recherche d'un gibier ? Comme M. Ellison, peut-être avait-il, lui aussi, un appétit de caribous…

Cathy frissonna et tapa des pieds pour se réchauffer. Les paroles de M. Ellison résonnaient dans sa tête. « Un appétit de caribous… » Curieuse expression !

– Hé, vous deux ! appela Gaborik depuis le seuil de la cuisine. Je suis en train de faire du thé. Vous en voulez ?

– Non, merci ! dit Cathy.

– On a suffisamment chaud à force de courir après les chiens, ajouta Pani.

– Papa n'a pas appelé ? demanda Cathy.

Gaborik secoua la tête.

– Oh, non ! s'écria soudain Pani. J'ai perdu mon collier ! Il a dû tomber dans la neige.

Les deux jeunes filles se mirent aussitôt à inspecter les traces qu'elles avaient laissées. Nanook se joignit aux recherches, se fourrant dans leurs jambes. Gaborik aussi vint leur prêter main-forte.

– C'est celui que tu portais hier ? demanda Cathy.

– Oui. Celui en argent, avec les apatites…

Cathy dressa l'orcille.

– Qu'est-ce que tu viens de dire ?

– J'ai dit, celui en argent, avec les…

– *Apatites !* s'exclama Cathy. Tu m'as dit que ta mère fabriquait ces bijoux avec des pierres de la région. Est-ce qu'il y en a dans ce parc ?

Gaborik fronça les sourcils :

– Oui, autrefois les anciens venaient en chercher par ici. Il y a de nombreuses veines rocheuses où on trouve des cristaux. Mais je ne vois pas…

Cathy trépignait d'excitation :

– Et si Mme Ellison avait compris de travers cette histoire d'appétit de caribous ? Si son mari avait voulu parler d'un endroit où on trouvait de nombreux caribous près d'une veine *d'apatites* ? Des apatites de caribous !

Gaborik siffla :

– Ça alors ! Je connais un endroit… pas très loin d'une ancienne mine de lapis-lazuli. Le sol est rose, friable, c'est une veine qui n'a jamais été exploitée… et c'est juste à côté d'une grande chute d'eau où les caribous viennent s'abriter du mauvais temps.

– C’est loin d’ici ?

– Six ou sept kilomètres. Au nord de la vallée.

Gaborik se rembrunit :

– Zut ! Simon et ton père sont partis vers le sud.

Cathy dévisagea Pani et Gaborik avec horreur :

– Ça veut dire qu’ils ont pris la mauvaise direction ! Ils ne retrouveront jamais M. Ellison !

Ils se regardèrent un moment sans rien dire. Puis Gaborik sortit son téléphone portable.

– Il faut les appeler immédiatement, dit-il en pianotant sur les touches.

Cathy se mordit les lèvres pendant qu’ils attendaient en silence que Simon décroche.

– Pas de réponse, dit finalement Gaborik. Il a dû couper son téléphone pour économiser la batterie. Nous réessayerons plus tard. Je vais toujours tâcher de joindre ta mère, Pani, au cas où Simon l’appellerait.

– Mais elle n’est pas à la maison ! s’écria

Pani. C'est le jour où elle vend ses bijoux en ville !

– Ma mère devrait être là, intervint Cathy. Papa va peut-être l'appeler ? Ça vaut la peine d'essayer.

Mais personne ne décrocha chez les Nanogak.

– Elle doit dormir à cause de son rhume, dit Cathy.

– Alors, que fait-on ? dit Pani d'un ton pressant. Pendant que nous restons ici à bavarder, M. Ellison et M. Page sont peut-être en train de tirer sur les caribous !

Cathy fit la grimace :

– Et si nous allions voir cette veine d'apatites nous-mêmes, pour tenter de les arrêter ?

– Je ne sais pas, Cathy, hésita Gaborik. Simon a bien demandé qu'on reste ici…

– Parce qu'il pensait pouvoir raisonner M. Ellison. Mais comme il est parti du mauvais côté…

– Nous n'en sommes pas tout à fait certains.

– Mais nous pourrions au moins aller jeter un coup d'œil, plaida Pani. Et tant mieux si nous nous sommes trompés.

– Je vous en prie ! implora Cathy.

Gaborik examina leurs visages soucieux et hocha la tête avec lassitude :

– C'est bon, je me rends. Ne serait-ce que pour avoir la paix…

– Oui ! s'exclama Cathy en serrant le poing.

Pani lui adressa un clin d'œil complice.

Soudain, Nanook se dressa et posa les pattes avant sur la poitrine de Pani. Sa queue battait follement.

– Elle a quelque chose dans la gueule, remarqua Cathy.

– Mon collier ! s'écria Pani en récupérant la chaînette argentée entre les crocs du husky. Bravo, Nanook !

– Solomon dirait que c'est de bon augure, décréta Gaborik. Ce qui est perdu sera trouvé.

Il leur fallut moins d'une heure pour préparer le second traîneau et atteler les chiens. Gaborik essaya plusieurs fois de joindre Simon sur son portable ; en vain. Il se renfrognait un peu plus après chaque essai infructueux.

Il rechignait à l'idée d'abandonner les touristes. Le retard pris par la randonnée était déjà suffisamment frustrant pour eux. En fin de compte, il avait réuni tout le monde pour leur expliquer ses intentions. Heureusement, tous avaient parfaitement compris.

– Plus vite nous les ramenons, plus vite nous pourrons repartir, leur rappela Gaborik en grimpant à l'arrière du traîneau. J'emmène les filles avec moi au gisement d'apatites près de l'ancienne mine. Je vous demande de ne pas vous éloigner du refuge. D'accord ?

Des murmures d'approbation s'élevèrent. Gaborik jeta un ordre aux chiens, et le traîneau s'ébranla. Cathy et Pani échangèrent un sourire nerveux : cette fois, il ne s'agissait plus d'une promenade d'agrément, mais d'une mission de sauvetage où chaque seconde comptait.

10

Après une heure environ, le paysage commença à se transformer. Les collines enneigées cédèrent la place à une vaste plaine gelée qui s'étirait à perte de vue. De temps en temps, le traîneau dépassait d'énormes blocs rocheux disséminés çà et là, pareils à de grosses meules grises dans le champ d'un géant.

– D'où viennent ces rochers ? se demanda Cathy à haute voix. On dirait qu'ils sont tombés du ciel !

– Il y avait un glacier ici, autrefois,

expliqua Gaborik, voilà plusieurs millions d'années. Un véritable mur de glace qui emportait tout sur son passage. Quand il a fondu, les rochers qu'il charriait sont restés sur place. Ce sont les seuls détritus tolérés dans ce parc !

Ils poursuivirent leur route en silence. Gaborik se concentrait sur la conduite du traîneau, et Cathy et Pani n'étaient pas d'humeur à bavarder. On n'entendait que les grincements de la caisse, le chuintement des patins et le souffle régulier des chiens.

– C'est encore loin ? demanda Pani à Gaborik.

– Il me semble que la vieille mine était par là, répondit-il avec un geste vers la gauche. Et la veine d'apatites doit se trouver à côté. Mais je n'en suis pas sûr à cent pour cent. Ça fait longtemps que je ne suis pas venu ici.

– Vous trouverez, dit tranquillement Cathy. Je vous fais confiance.

Gaborik arrêta l'attelage au sommet d'une colline qui dominait une vaste plaine.

La blancheur arctique s'étendait à l'infini, fraîche et scintillante, sans rien pour distraire le regard hormis quelques rochers épars et des touffes de végétation rabougrie. Mais loin à l'horizon, là où le ciel et la neige semblaient se rejoindre et se confondre, étincelait une touche rosâtre. Étaient-ce les premiers reflets du couchant, ou bien...

– Gaborik, croyez-vous que ça puisse être ça ? demanda anxieusement Cathy en indiquant la tache rose dans le lointain.

– C'est possible, fit-il en hochant la tête.

Il lança un ordre aux chiens, et le traîneau prit de la vitesse, glissant vers le bas de la colline.

– Bon, déclara Gaborik quand ils eurent atteint l'ancienne mine, voilà nos apatites. Reste à trouver nos deux oiseaux.

La veine d'apatites offrait un spectacle extraordinaire. On aurait dit qu'une benne géante était venue déverser là un énorme monceau de pierres rouges scintillantes.

– Il y aurait de quoi fabriquer des

milliers de colliers, s'émerveilla Cathy. Comment se fait-il que personne ne soit venu les ramasser ?

– L'apatite n'est pas vraiment une pierre précieuse, expliqua Gaborik en scrutant les environs à la recherche de traces récentes. Ce n'est qu'un minerai comme un autre, qu'on utilise surtout dans les engrais.

Pani parut un peu étonnée, mais Cathy lui fit un clin d'œil :

– C'est le plus bel engrais que j'aie jamais vu !

Le traîneau crissait et tressautait sur le sol jonché de rocaille. En contournant un monticule, ils découvrirent une tente verte à deux places, dont les pans claquaient au vent.

– Un campement ! s'écria Pani.

– Et récent, ajouta Gaborik en ralentissant l'allure. Il n'y a pas de neige sur la tente… C'est sûrement eux ! Tu avais vu juste, Cathy. Ils sont bien venus ici.

Il appela, mais personne ne répondit.

– Où sont partis ces imbéciles ? grommela-t-il. Il va bientôt faire nuit.

Cathy frissonna. En examinant les environs à la recherche d'un indice, elle remarqua de curieuses traces en zigzag.

– À quel genre d'animal appartiennent ces empreintes ? demanda-t-elle.

– Des renards ? suggéra Pani.

– Ou des *amaqqut*, dit Gaborik, la mine sombre.

Cathy se tourna vers lui dans l'attente d'une traduction.

– Des loups. J'ai l'impression que nous ne sommes pas les seuls à nous intéresser à nos amis. Les *amaqqut* ont peut-être senti l'odeur de la nourriture. Nous ferions mieux de nous dépêcher !

Il pressa les huskies, mais le sol était tellement accidenté et rocailleux aux abords du gisement qu'ils progressaient très lentement.

– Continuons à pied, proposa Gaborik. Sinon, nous risquons d'endommager le traîneau. Restez à côté de moi, d'accord ?

Pani et Cathy hochèrent la tête et aidèrent Gaborik à dételer les chiens. Les huskies partirent en se bousculant sur le sol rocheux, tirant sur leurs laisses. Gaborik en tenait quatre ; Pani avait pris Nanook, et Cathy, Sedna.

Soudain, un hurlement à glacer le sang retentit à proximité.

– Les loups, souffla Pani, très pâle, tandis qu'un second hurlement répondait au premier.

Les huskies s'arrêtèrent et éclatèrent en un concert de gémissements. Seule Nanook tirait sur sa laisse sans manifester la moindre inquiétude.

– Suivez-moi, ordonna Gaborik en pressant le pas.

Cathy courut sur ses traces à l'assaut d'une butte neigeuse. Ils approchaient du sommet quand un nouveau hurlement retentit, plus proche ; les chiens se remirent à aboyer furieusement à leur façon. Nanook, les yeux brillants, reniflait de tous côtés. Puis, alors que le hurlement décroissait, une détonation éclata, comme un coup de tonnerre.

– Un coup de fusil ! s'écria Cathy.

11

Les chiens tressaillirent, et ils se mirent à gémir. Mais Nanook, elle, ne parut pas effrayée ; au contraire, elle bondit, arracha sa laisse de la main de Pani, dévala la pente neigeuse et disparut derrière un gros rocher.

– Suivons-la, vite ! dit Gaborik en s'élançant au pas de course.

Entraînée par Sedna, qui tirait comme une forcenée sur sa laisse, Cathy glissait et dérapait dans la neige, s'efforçant de ne pas se laisser distancer. « Tout va bien », se répétait-elle pour tenter de se rassurer.

Ils contournèrent le rocher et débouchèrent sur une ravine encaissée. Ils s'immobilisèrent, découvrant une scène saisissante : Tom Ellison et Ben Page se trouvaient là, l'air terrorisé. Un fusil abandonné gisait dans la neige, mais M. Ellison tenait le sien pointé vers le ciel. C'était lui qui avait tiré.

Cathy suivit leurs regards horrifiés... À quelques mètres seulement de là se tenait un grand loup. D'après les traces dans la neige, il avait dû y en avoir beaucoup plus ; peut-être les autres avaient-ils été effrayés par le coup de feu. Mais celui-là restait là, grondant, montrant ses crocs acérés, sans quitter l'adversaire des yeux.

Entre le loup et les hommes se tenait Nanook. Elle fixait le loup avec de grands yeux pâles emplis de curiosité. Contrairement aux autres huskies, elle ne semblait pas effrayée ; sa fourrure n'était pas hérissée sur l'échine.

– Personne ne fait le moindre geste, ordonna doucement Gaborik. S'il se sent menacé, il risque d'attaquer !

Le loup était maigre, manifestement affamé ; son pelage ébouriffé était blanc sale, avec des taches brun sombre caractéristiques de son espèce. Ses yeux mi-clos brillaient d'une lueur dorée. Il dénuda les crocs et il se mit à gronder.

– Attends un peu ! marmonna M. Ellison.

Il abaissa son fusil et visa.

– Non ! s'écria Cathy.

Elle vit le loup sur le point de bondir. Elle tendit désespérément la main vers M. Ellison ; au même instant, Sedna lui arracha sa laisse et jaillit en avant.

Le loup tomba, déséquilibré par le husky. Les deux animaux roulèrent ensemble, faisant voler la neige tout autour.

M. Ellison hésita, le doigt sur la détente.

– Ne faites rien ! lui cria Gaborik. Vous allez blesser la chienne !

Pourtant, ce n'était pas Sedna qui était en difficulté. Elle avait serré ses mâchoires sur la nuque du loup et ne le lâchait plus. L'autre avait beau se débattre et agiter la tête en tout sens, rien n'y faisait.

Nanook se jeta à son tour dans la bagarre.

– Nanook, reviens ici ! s'écria Pani. Laisse-le !

Mais ce n'était pas le loup que la chienne attaquait, les babines retroussées. C'était Sedna ! Avec un grognement rageur, elle bondit sur le husky et referma les crocs sur une de ses pattes arrière. Sedna, surprise, lâcha sa victime. Le loup s'éloigna en trébuchant, secouant sa tête massive comme pour reprendre ses esprits. Puis il s'enfuit dans le crépuscule.

Les deux chiennes se battaient furieusement ; des touffes de fourrure volaient tout autour.

– Ça suffit ! criait Pani. Cessez immédiatement !

Gaborik lui jeta les laisses des huskies et s'avança à grands pas vers les deux chiennes. Sans réfléchir, Cathy se laissa glisser au fond de la ravine.

– Reste en arrière, Cathy, c'est dangereux ! lança Gaborik entre ses dents.

Sans répondre, Cathy tendit les mains

vers le collier de Nanook. Mais ses gants la rendaient maladroite ; elle en retira un et glissa les doigts entre le cuir du collier et la fourrure chaude et humide. Les crocs de Sedna ripèrent contre son bras, et elle se félicita d'être protégée par l'épaisseur de sa parka.

Enfin, Gaborik réussit à empoigner Sedna et la tira en arrière. Il braqua sur Cathy des yeux étincelants de colère.

– Tu es folle ou quoi ! s'écria-t-il tout en calmant Sedna. Tu aurais pu être blessée !

Cathy le dévisagea, décontenancée :

– Mais… je ne pouvais pas rester sans rien faire…

L'expression de Gaborik se radoucit :

– Non, je vois bien que non. Comment va Nanook ?

La chienne geignait doucement, la tête enfouie dans le giron de Cathy. Elle avait le souffle court, les yeux mi-clos, les oreilles aplaties le long du crâne.

– Je… je ne sais pas, dit Cathy. Je crois qu'elle est en état de choc.

– Pourquoi a-t-elle pris la défense du loup ? demanda Pani.

– Je ne comprends pas ! avoua Gaborik. En tout cas, ma fille, ne me fais plus jamais une peur pareille !

Il pivota pour affronter Tom Ellison et Ben Page.

– Et c'est doublement valable pour vous ! Imbéciles !

Ben Page secouait la tête, hébété :

– Les loups… ils nous ont trouvés si facilement !

– Ils peuvent percevoir le tic-tac d'une montre à dix mètres, jeta aigrement Gaborik. Je parie qu'ils vous ont entendus dresser le camp alors qu'ils étaient à plusieurs kilomètres de là !

Tom Ellison fit la grimace et sortit un paquet de la poche de son manteau.

– Et ils ont senti de très loin ces sandwiches au poulet, exact ?

– Exact.

Ben Page soupira :

– Je suppose que c'est Tupilak qui vous a dit où nous trouver ?

– Non. En fait, c'est Cathy. Vous avez eu de la chance ! Quelle inconscience ! Vous avez mis vos vies en danger, m'avez fait perdre mon temps et avez complètement gâché la randonnée.

– C'est bon, fit M. Ellison en levant les mains en signe de capitulation. C'est bon, nous sommes désolés. Nous ne pensions pas que ça ferait autant d'histoires. Tupilak avait promis de s'arranger avec vous.

– Ouais, ajouta Ben Page, il disait qu'il avait souvent fait ça. Il devait nous récupérer plus tard pour que nous puissions rattraper le reste du groupe dans la soirée.

Gaborik secoua la tête :

– Il ne nous a pas prévenus.

Ben Page se tourna vers M. Ellison :

– On s'est fait avoir. Je t'avais bien dit qu'on ne pouvait pas lui faire confiance ! Et cette façon de nous amener ici en pleine nuit, sous prétexte que la chasse était meilleure au petit matin !

– Vous n'avez rien… abattu, n'est-ce pas ? demanda Cathy.

– Rien du tout, répondit M. Ellison. De toute la journée ! Ces fichus loups ont dû faire fuir le gibier à l'autre bout du parc.

– Ouf ! Nous sommes arrivés à temps ! Il ne reste plus qu'à rentrer, maintenant, fit Cathy, soulagée.

Nanook était toujours pelotonnée contre elle. Ses yeux étaient clos, et elle frissonnait. Elle respirait de façon irrégulière ; de petits nuages de vapeur s'échappaient de sa truffe sèche.

– Debout, ma belle, chuchota Cathy en lui caressant les oreilles. Ce n'est pas le moment de dormir.

Elle dégagea doucement sa main du collier. La température baissait à l'approche de la nuit, et elle ne sentait plus ses doigts. Elle les approcha de son visage pour souffler dessus, et poussa une exclamation.

Ils étaient poissés de sang !

12

– Oh, Nanook ! s'écria-t-elle. Gaborik, Pani, elle saigne !

– Où ça ? demanda Gaborik en s'approchant vivement.

Cathy s'efforça de retrouver son calme, ôta son deuxième gant et détacha le collier de Nanook :

– Elle a une entaille à la gorge. Ça a l'air profond.

Elle entreprit de palper le corps frissonnant de la chienne. Nanook geignit quand elle appuya contre son flanc gauche.

– Le cœur bat vite… mais elle est blessée de ce côté… Et une de ses pattes lui fait mal. Elle a peut-être quelque chose de plus grave. Ah, si seulement Papa ou Maman étaient là ! gémit Cathy.

– Sedna, méchante ! cria Pani, malade de peur et de colère.

– Pani, ce n'est pas elle qui a commencé, lui rappela gentiment Gaborik.

– Elle a besoin d'aide, dit Cathy. Et vite !

– Où veux-tu en trouver par ici ? demanda Tom Ellison avec amertume.

Cathy se rendit compte qu'il avait raison. Ils étaient seuls au milieu d'un désert glacé, sans âme qui vive à des kilomètres à la ronde. Elle défit son écharpe et l'enroula soigneusement autour de la poitrine de Nanook.

– Il faut la maintenir au chaud.

Pani retirait déjà sa propre écharpe. La chienne fut bientôt emmitouflée dans ces bandages de fortune. Son museau noir pointait sous l'épaisse couche de laine rouge et jaune.

– Je suppose que Tupilak devait passer vous récupérer ? demanda Gaborik en se tournant vers Tom Ellison et Ben Page. Il n'est sûrement pas loin, il pourra peut-être nous aider.

– Il devait nous appeler, répondit Ben Page. Mais il ne l'a pas fait.

– Si le téléphone de Simon ne fonctionne toujours pas, je ne vois plus qu'un moyen de joindre un vétérinaire, dit lentement Cathy.

– Ta mère ! s'exclama Gaborik en sortant son téléphone portable. En espérant qu'elle décroche, cette fois-ci.

Il composa le numéro et colla le téléphone contre son oreille. Son visage s'illumina :

– Madame Hope ? C'est Gaborik. Je suis bien content de vous trouver ! Nous avons besoin de votre aide. Je… je vous passe Cathy.

Cathy lui prit le téléphone :

– Maman ?

– Cathy, tu vas bien ? Que se passe-t-il ? demanda la voix enrhumée de Mme Hope.

– C’est Nanook, Maman…

En quelques phrases rapides, Cathy mit sa mère au courant de la situation.

– Mon Dieu, Cathy… Tu es sûre que tu n’as rien ?

– Je vais bien, Maman. C’est Nanook qui est blessée !

Aussitôt, la voix de Mme Hope devint calme et professionnelle :

– Très bien, Cathy. Où est-elle en ce moment ?

– Couchée sur le flanc avec sa tête sur mes genoux, répondit Cathy. Nous l’avons enroulée dans nos écharpes.

– C’est bien. Il est vital de la maintenir au chaud. Le choc a certainement déjà fait baisser sa température. Par contre, prenez garde de ne pas l’emmailloter trop serré, au cas où elle aurait une fracture.

Cathy relâcha un peu les écharpes tout en écoutant sa mère.

– En principe, il ne faudrait pas la déplacer. Mais vous n’avez pas le choix, poursuivit Mme Hope. Si on ne la met pas à l'abri très vite, elle risque de mourir. Pouvez-vous regagner le refuge ?

– C'est à des kilomètres ! souffla Cathy.

– L'ancienne mine de lapis-lazuli est juste à côté, intervint Gaborik. Elle sera bien, là-bas.

Mme Hope convint que c'était la meilleure solution.

– Mais comment la transporter ? s'inquiéta Pani.

– Nous pourrions fabriquer une sorte de hamac avec les écharpes, proposa Gaborik.

Mme Hope rejeta cette idée :

– Trop souple, dit-elle. La pauvre serait secouée comme un pantin et, si elle a des lésions internes, ça ne ferait qu'aggraver les choses.

– Et le traîneau ? suggéra Pani.

– Il ne passera pas sur cette rocaille, dit Gaborik.

– Il nous faudrait une civière, conclut Cathy.

– Eh bien, nous n'en avons pas, dit aigrement Ben Page.

– Alors fabriquons-en une, proposa M. Ellison.

Tout le monde se tourna vers lui.

– Okay, fit-il en tapant dans ses mains. Ben, file à la tente et ramène-nous un duvet.

Son ami le fixa, indécis.

– Allez !

– Ça n'ira pas, objecta Cathy. Ce sera bien pour la tenir au chaud, mais pas pour la transporter. Il faut quelque chose de rigide.

– Exactement, dit M. Ellison. L'idéal serait d'avoir deux longs bâtons de chaque côté pour tendre le tissu. Regarde !

Il ramassa le fusil de Ben Page et le brandit à côté du sien :

– Voilà tes deux bâtons.

– C'est… c'est génial, Monsieur Ellison !

– Très bien, Cathy, reprit Mme Hope au téléphone. Pendant que vous réglez ça, peux-tu m'indiquer comment trouver cette mine ? J'attends Mary, qui doit rentrer bientôt. Nous allons venir vous chercher avec la camionnette.

– Entendu ! Je te repasse Gaborik.

Entre-temps, Ben Page revint avec le duvet.

– Retourne-le, lui dit M. Ellison. La chienne sera mieux sur la doublure.

Il jeta son fusil déchargé à Ben Page.

– Maintenant, glisse ça d'un côté, lui ordonna-t-il. Je ferai la même chose de l'autre.

Ensuite, les deux hommes empoignèrent les fusils et soulevèrent le duvet.

Gaborik avait fini ses explications. Il repassa son téléphone à Cathy et inspecta la civière improvisée :

– Si vous pouvez maintenir le tissu un peu plus tendu, je crois que ça fera l'affaire.

– Maman ? dit Cathy. Nous allons essayer de la transporter.

– Très bien, Cathy. Tenez bon en attendant que j'arrive avec la cavalerie.

– D'accord, Maman. Faites vite !

13

Ils retournèrent jusqu'au gisement d'apatites à la lueur d'un mince croissant de lune. M. Ellison et Ben Page portaient Nanook ; Gaborik ouvrait la marche avec les chiens.

– Voilà le traîneau ! souffla-t-il enfin. La vieille mine se trouve quelque part à l'ouest.

Ils déposèrent la civière à l'arrière tandis que Gaborik attelait les huskies. Ils repartirent aussitôt. Pani et Cathy s'étaient assises de part et d'autre de Nanook pour lui soutenir la tête et la garder au chaud.

Le traîneau filait bon train sur la neige

gelée, malgré son attelage réduit à cinq chiens, mais Cathy avait l'impression que le trajet n'en finissait pas. Enfin, la masse sombre d'un bâtiment apparut devant eux.

– C'est l'ancien *qammaq* des prospecteurs, dit Gaborik. Leur cabane, si vous préférez. Nous sommes arrivés.

Ben Page aida Gaborik à soulever la civière. Cathy prit une lampe sur le traîneau et leur éclaira le chemin.

Après quelques poussées brutales, la porte céda en grinçant. Cathy entra la première, tenant la lampe bien haut ; l'endroit était vide. Elle déposa la lampe sur une table près d'une fenêtre aux carreaux noircis.

– Mettons-la ici, dit-elle.

Pani déplaça quelques dossiers et feuilles volantes qui traînaient sur la table, et Gaborik et Ben Page y posèrent doucement la civière de Nanook. La chienne gémit doucement ; Cathy lui caressa la tête.

– J'espère qu'elle s'en sortira, dit M. Ellison. Peut-on faire autre chose ?

– Oui, dit Gaborik. M'aider à installer les chiens pour la nuit. Il faut leur trouver un abri, un appentis, n'importe quoi.

Il se tourna vers Pani et Cathy :

– On peut vous laisser Nanook ?

– Bien sûr ! dit Pani. Il lui faudrait juste un peu d'eau.

– Oui, dit Cathy, j'en profiterai pour nettoyer sa plaie.

– Je vais vous chercher ça, dit Tom Ellison.

Il pivota sur ses talons et sortit de la cabane. Un moment plus tard, il revenait avec une gourde et une écuelle.

– Nous allons nous occuper des chiens, dit-il. On revient tout de suite.

Lorsqu'elles eurent lavé la plaie à la gorge de Nanook, Pani versa un peu d'eau dans son écuelle. Cathy la déposa devant la chienne, mais celle-ci n'avait pas la force de se lever pour boire.

– Il lui faudrait quelque chose de moins profond, dit Cathy, pour qu'elle puisse laper en restant couchée. Voyons s'il n'y a pas une assiette ou une soucoupe quelque part.

Elles fouillèrent rapidement la cabane. Dans un coin, Cathy dénicha un grand carton.

– Qu'y a-t-il dedans ? demanda Pani.

Cathy plongea la main à l'intérieur et en retira une boîte en fer blanc.

– Des conserves. Celle-ci contient du bœuf émincé, je crois.

Pani grimaça :

– Pouah ! Elle est là depuis combien de temps ?

Cathy lui jeta la boîte et continua à fouiller.

– Attends une seconde, fit Pani. Cette boîte est récente. Elle n'est pas poussiéreuse, ni rien. On l'a achetée à l'épicerie de M. Tulung à Kimmirut, je reconnais l'étiquette. Ça fait seulement six mois qu'il a ouvert.

– Gaborik disait que la mine était abandonnée depuis des années, dit Cathy, perplexe.

– La mine, peut-être, mais cette cabane… ?

– Hé, j'ai trouvé des assiettes ! Et aussi un ouvre-boîte, et des couteaux et des fourchettes.

Cathy leva vers Pani un regard troublé :

– Ils sont tout propres…

– Et la table ! s'écria Pani en se retournant vers Nanook. Quand je l'ai débarrassée des papiers, il n'y avait pas le moindre grain de poussière dessus.

– Tu sais ce que je crois ? demanda Cathy en versant un peu d'eau dans une assiette. Quelqu'un est venu ici avant nous. Il doit même y passer régulièrement.

Elle poussa l'assiette jusque sous la truffe de Nanook, mais la chienne ne lui témoigna aucun intérêt. Cathy ne s'avoua pas vaincue si facilement. Elle trempa les doigts dans l'eau et les glissa dans la bouche de la chienne. Faiblement, Nanook commença à lui lécher les doigts.

– C'est bien ! l'encouragea Cathy.

Pani balaya l'intérieur de la cabane du regard et fronça le nez.

– C'est tout sale, ici. Qui voudrait faire

un détour pour venir manger dans un endroit pareil ?

– Pour quelqu'un qui se rendait assez souvent dans les parages, ce ne serait plus un détour, pas vrai ?

Les yeux de Pani s'agrandirent :

– Tu penses à Tupilak ?

– Exactement.

– Mais ses bureaux sont à Kimmirut. Pourquoi garder des documents ici ? À moins…

L'idée fit son chemin dans l'esprit de la petite Inuit, et elle courut chercher les papiers qu'elle avait mis de côté.

Cathy acheva sa phrase à sa place :

– … À moins qu'il ait des choses à cacher !

Pani ouvrit le premier dossier et commença à feuilleter les papiers qu'il contenait.

– Ces contrats portent la signature du *tiriaq*, pas d'erreur, dit-elle gravement. Je comprends qu'il les garde ici. Regarde !

Cathy prit l'un des contrats.

– C’est de l’inuktitut, dit-elle, je ne peux pas le lire.

Soudain, elle repéra quelque chose :

– Hé, cette signature ! C’est celle de Tom Ellison !

– C’est un contrat par lequel il s’engage à payer Tupilak pour l’emmener à la chasse, avec une prime pour chaque animal abattu. Et il y en a beaucoup d’autres. Tupilak organise des chasses illégales en plein milieu du parc ! Papa s’en doutait depuis longtemps, mais il n’a jamais rien pu prouver. Avec ça, il aura tout ce qu’il faut pour le faire arrêter !

La porte s’ouvrit en grinçant dans leur dos.

– Il vous en a fallu, du temps ! lança Cathy sans se retourner.

Mais la voix grave et menaçante qui lui répondit n’était pas celle de Gaborik.

– Qu’est-ce que vous fabriquez ici ?

Cathy sentit son estomac se nouer. Elle avait déjà entendu cette voix, à Kimmirut, lors de la course de traîneaux. Elle pivota lentement. Pani fixait avec horreur le personnage à visage de fouine debout devant le seuil.

– Vous êtes chez moi, ici, déclara froidement Thomas Tupilak. C'est une violation de domicile.

Il entra et referma la porte de la cabane derrière lui.

14

Cathy jeta un coup d'œil vers Pani, qui tentait d'escamoter les papiers de Thomas Tupilak. Mais il était trop tard. Le *tiriaq* les avait déjà vus, et son visage s'assombrit.

– Qui vous autorise à fouiller dans mes affaires ? siffla-t-il. Remets ça en place immédiatement !

– Je… je suis désolée, Monsieur Tupilak, murmura Pani. J'ai renversé un dossier, et… tous les papiers sont tombés.

– Menteuse, gronda Thomas Tupilak. Dis plutôt que vous m'espionniez.

– Pas du tout ! protesta Cathy. Nous cherchions juste un abri. Regardez !

Elle désigna Nanook, profondément endormie dans son duvet sur la table :

– Nanook s'est battue, et…

Tupilak n'accorda même pas un coup d'œil à la chienne.

– Épargnez-moi vos excuses ridicules, fit-il rudement.

– Nos excuses ! s'exclama Cathy, qui n'en croyait pas ses oreilles. Si vous n'aviez pas emmené M. Ellison et son ami à la chasse, nous n'aurions pas été obligés de partir à leur recherche, et les loups ne les auraient pas attaqués, et la pauvre Nanook n'aurait pas été blessée !

– Fichus touristes ! cracha Tupilak d'un air méprisant. Ils devaient m'attendre dans la ravine.

– Ils sont ici, dit Pani d'une petite voix. Ils vont revenir d'un moment à l'autre. Et Gaborik aussi.

– C'est drôle, on dirait que tu as peur de moi, Pani, fit Tupilak avec un sourire mauvais. Mais tu n'as rien à craindre. Pas si tu es une fille intelligente…

Son sourire se figea quand la porte de la cabane s'ouvrit soudain derrière lui.

– Papa ! s'écria Cathy, riant presque de soulagement.

Adam Hope s'arrêta sur le seuil.

– Tiens, tiens ! dit-il. M. Tupilak ! Nous nous demandions à qui appartenait la camionnette garée dehors.

– Oh, Papa, je suis tellement contente de te voir ! s'exclama Cathy.

– Mon père est avec vous ? demanda Pani.

– Je suis là, Pani, répondit Simon Nanogak en entrant à son tour dans la cabane.

– Vous arrivez à temps ! Nanook est blessée, dit Cathy. Je… j'ai fait ce que j'ai pu, mais…

– Calme-toi, Cathy, dit M. Hope en la serrant brièvement dans ses bras. Raconte-moi ce qui s'est passé.

Tandis que Cathy lui relatait rapidement

les événements de la journée, Thomas Tupilak retrouva une contenance.

– Vous êtes chez moi sans y avoir été invités, grinça-t-il. Soyez gentils de déguerpir.

Simon secoua la tête :

– La mine ne t'appartient pas, Tupilak. Il n'y a pas de propriété privée dans ce parc.

Brusquement, Tupilak essaya de s'emparer des papiers que tenait Pani. Mais la jeune fille se déroba, serrant les documents contre sa poitrine pour les protéger, et courut les donner à son père.

– Tiens, Papa, dit-elle, ce sont des contrats. La preuve qu'il emmène des clients chasser dans le parc.

Cathy hocha farouchement la tête :

– Il se fait payer par des gens comme M. Ellison pour leur montrer les meilleurs coins de chasse !

Simon parcourut rapidement les papiers, puis regarda Tupilak droit dans les yeux.

– Tu es fini, déclara-t-il tranquillement. Depuis des années, je me doutais de quelque chose comme ça.

Il roula les papiers et les rangea dans la poche de son manteau.

– Maintenant, je tiens les preuves qui me manquaient.

Tupilak s'esclaffa nerveusement et lui tendit la main, comme à un vieil ami :

– Allons, Simon, pas la peine de s'énerver ! Nous pourrions nous associer, toi et moi, pour partager les clients. Il y a bien assez pour tous les deux.

Simon ignora la main qu'on lui offrait et secoua la tête avec mépris :

– Tu n'as pas compris, Tupilak. C'est fini ! Terminé, les chasses illégales. Je vais tout raconter à la police.

Thomas Tupilak serra les poings. Puis il bouscula Simon, se rua vers la porte et sortit en courant dans la nuit glaciale.

Cathy adressa à Pani un signe de victoire, pouce levé. Puis elle se tourna vers son père. Pendant le bref échange entre Simon et Tupilak, il s'était penché sur Nanook pour l'examiner.

– Alors ? demanda-t-elle avec anxiété.

– Tu as fait du bon travail, Cathy, murmura M. Hope. Si tu n'avais pas été là…

– Oh, c'est surtout Maman, avoua Cathy en rougissant. C'est elle qui m'a donné les indications au téléphone. Mais comment nous avez-vous trouvés ?

– Quand nous avons compris que nous faisions fausse route, nous sommes retournés au refuge, et M. Richards nous a dit où vous étiez. Bravo pour ta déduction à propos des apatites !

– J'aurais dû y penser moi-même, se reprocha Simon en examinant l'intérieur de la vieille cabane. Mon père a travaillé dans la mine, autrefois.

– Tu disais que tu avais eu Emily au téléphone ? reprit Adam Hope.

Cathy hocha la tête :

– Elle doit être en chemin avec Mary, à l'heure qu'il est.

– Elles seront là en quelques heures, dit Simon.

– Bien, fit Adam Hope en se redressant. Nanook est faible, mais son état paraît stable. Elle s'est froissé quelques muscles et tordu la patte, et cette plaie à la gorge aura besoin de points de suture, mais au moins elle n'a rien de cassé. Je vais chercher de quoi lui faire un bandage dans la trousse de secours du traîneau.

Au même instant, M. Ellison poussa la porte de la cabane, accompagné d'une rafale d'air glacé.

– Ouf! fit le gros Canadien en se frictionnant les bras. On a pratiquement fini avec les chiens, alors je suis rentré me réchauffer un peu…

Il s'interrompit en apercevant Simon et M. Hope :

– Tiens ! On dirait que la cavalerie est arrivée.

– Vous pouvez vous vanter de nous avoir fait courir, Monsieur Ellison ! dit sévèrement Simon.

– Je sais, je sais. Écoutez, je regrette sincèrement tout ce gâchis. Je sais que j'ai fichu votre randonnée en l'air.

– Il nous a bien aidés quand même, intervint Pani. C'est lui et M. Page qui ont fabriqué la civière de Nanook.

– Ces satanés fusils auront quand même servi à quelque chose, en fin de compte, dit M. Ellison en haussant les épaules. Comment va la chienne ?

– Elle s'en sortira, répondit M. Hope.

M. Ellison fronça les sourcils :

– Attendez une minute ! Il m'a semblé entendre une camionnette tout à l'heure. Pourtant, si vous êtes venus en traîneau…

– C'était M. Tupilak, dit Pani.

– Alors, il a fini par se montrer, hein ? grommela sombrement le Canadien. Je sais que nous avons eu tort de partir comme ça sans prévenir, Monsieur Nanogak, mais il avait promis d'arranger ça avec vous. Nous n'avions aucune intention de vous créer des difficultés.

– Mais vous reconnaissez avoir payé Thomas Tupilak pour vous emmener chasser ? demanda Simon.

– Oui, bien sûr. Et j'en suis le premier désolé, croyez-le bien.

– Vous seriez prêt à répéter ça à la police ? Avec votre témoignage et les preuves que nous avons trouvées ici, nous avons de quoi mettre Tupilak hors d'état de nuire pour de bon.

– Comptez sur moi, dit M. Ellison. Je vous dois bien ça.

Cathy sourit et se laissa tomber sur le carton de conserves. Cette journée avait duré des siècles ! Maintenant que son père était là, que Thomas Tupilak était loin et que sa mère n'allait plus tarder, elle pouvait enfin souffler.

15

Quand Cathy se réveilla, les derniers rayons du soleil pénétraient en oblique par la fenêtre de sa chambre. Il lui fallut quelques instants pour se rappeler où elle était.

Emily Hope était arrivée avec Mary au milieu de la nuit. Entre deux reniflements, elle avait nettoyé la plaie de Nanook avec un antiseptique et placé quelques points de suture. Elle avait surtout confirmé le diagnostic optimiste du père de Cathy.

Pendant ce temps, Gaborik avait pris l'attelage de Simon afin de raccompagner Tom Ellison et Ben Page au refuge. Simon devait le rejoindre en traîneau dans la matinée pour ramener tout le monde à Kimmirut.

Mary avait conduit toute la nuit. Pani et Cathy avaient somnolé à l'arrière, laissant les deux vétérinaires s'occuper de Nanook. Ils n'avaient regagné Kimmirut qu'au petit matin.

Cathy s'étira et consulta sa montre. Elle avait dormi presque toute la journée ! Un brouhaha de voix et de rires lui parvenait d'en bas. Elle s'habilla rapidement et dévala les escaliers.

Ils étaient tous dans la cuisine. Gaborik et Simon se versaient du thé ; Mary et Pani se tenaient près de son père. Même sa mère était levée.

– Que se passe-t-il ? demanda Cathy. Vous fêtez quelque chose ?

Gaborik sourit de toutes ses dents :

– Plus de souci à se faire pour les caribous !

– La police a cueilli Tupilak à l'aéroport d'Iqaluit alors qu'il essayait de quitter l'île, expliqua Simon. Il semble qu'elle a quelques questions à lui poser.

– Qui va s'occuper de ses chiens ? s'inquiéta Cathy.

– Papa a proposé de les racheter ! s'écria Pani, tout excitée.

– Ce n'est qu'une idée, intervint Simon. Mais si Tupilak n'est plus en mesure d'organiser des randonnées, je devrais peut-être songer à m'agrandir.

– L'idée me paraît excellente, dit Adam Hope en levant son verre d'eau. À la vôtre, Simon ! À un avenir radieux !

– Et Nanook, comment va-t-elle ? demanda Cathy.

– Elle se repose, répondit Mary Nanogak.

– Elle va déjà mieux, précisa Gaborik. Elle était debout, tout à l'heure, quand nous sommes arrivés.

– Heureusement que nous avions une assistance médicale sur place ! dit Simon.

Tout le monde éclata de rire. Puis Pani indiqua la pendule accrochée au mur :

– Il est presque cinq heures. La soirée va bientôt commencer au centre *akavak* !

– *Akavak* ? répéta Cathy.

– Notre centre communautaire, expliqua Pani, bouillant d'excitation. Tous les mercredis, il y a un grand festival. De la musique, des danses, de l'artisanat local, du sport... tout !

– Ça a l'air rudement chouette !

– Grand-père y sera, lui aussi. Il pourra peut-être nous expliquer le comportement de Nanook vis-à-vis des loups.

Le centre communautaire se trouvait sur le front de mer. La camionnette des Nanogak se gara sur le parking enneigé. Cathy et Pani partirent devant en courant, et elles parvinrent bientôt à la rampe étroite menant jusqu'à la plage. L'océan roulait sous le ciel sombre comme une immense ombre mouvante.

– Chez moi, dit Cathy, c'est du sable

qu'il y a sur les plages ; pas de la neige !

– Du sable ? C'est fou ! s'esclaffa Pani.

En approchant du centre, elles perçurent le battement sourd des tambours. Des poteaux portant des flambeaux se dressaient à l'entrée du bâtiment, et les flammes vacillantes se tordaient dans le soir au rythme de la musique.

À l'intérieur régnait une atmosphère de fête. Il y avait plein de gens qui se pressaient autour du buffet, discutaient en petits groupes ou s'asseyaient aux tables pour manger. Des stands proposaient toutes sortes de produits artisanaux.

– Qu'est-ce que je disais ? cria Pani. On trouve tout ici !

Les deux jeunes filles se mêlèrent à la foule. Dans une pièce attenante au grand hall, un groupe de femmes dansaient au son syncopé des tambours inuit. Cathy battit la mesure avec son pied.

– Grand-père ! cria Pani par-dessus la cohue.

Cathy se retourna pour découvrir le bon

visage de Solomon, qui se frayait un chemin dans leur direction :

– Simon m'a dit que vous voulez me parler.

Le grondement des tambours se fit plus fort à mesure que la danse inuit approchait de son point culminant, et Solomon fronça les sourcils :

– Allons discuter dehors.

Cathy et Pani le suivirent sur la plage gelée en lui décrivant l'étrange comportement de Nanook.

Solomon les écouta attentivement. Puis il hocha la tête.

– Vous savez, je suis un vieil homme maintenant, commença-t-il. Mais je me souviens... Il y a de nombreuses années, quand j'ai quitté la mine, j'ai acheté ma première chienne inuit canadienne. C'était une aïeule de Nanook. Elle s'appelait Alainga.

Il sourit :

– C'était une brave bête, Alainga. Forte, fidèle, très courageuse. Un peu sauvage, aussi. J'ai toujours pensé qu'elle avait du sang de loup.

Pani ouvrit de grands yeux.

– De loup ?

Solomon acquiesça avant de poursuivre :

– Quand Nanook est née, quatre générations plus tard, c'était le portrait craché d'Alainga. La même allure, la même robe… et cette drôle d'oreille pliée en deux.

– Voilà pourquoi vous disiez que Nanook était un loup solitaire, murmura Cathy. Quand Sedna s'est jetée sur le loup, dans la ravine, elle a réagi comme si on s'en prenait à l'un des siens.

Solomon opina de la tête en silence.

– C'est juste l'avis d'un vieil homme. Un vieil homme qui aimerait bien retourner à la fête ! Vous venez ?

Et, les prenant chacune par le bras, il les raccompagna à l'intérieur.

Il était tard quand Cathy et ses parents prirent le chemin du retour avec les Nanogak. Après avoir dit au revoir à

Gaborik, ils repartirent dans la camionnette.

– J'ai l'impression d'être ici depuis toujours, fit Cathy en regardant rêveusement par la vitre. Je n'arrive pas à croire que nous rentrons samedi !

– Ç'aura été un sacré voyage, admit M. Hope. Des phoques, des ours polaires, des huskies, des caribous… Mais il y a l'Arche des Animaux qui nous attend. Et Mamie, et Papi.

– Sans oublier James et Blackie, intervint Mme Hope.

– Et tout Welford, renchérit Cathy avec un pincement au cœur. Ce sera bon de les revoir. J'espère simplement que nous aurons l'occasion de revenir ici un jour.

– Moi aussi, dit Pani avec un sourire timide.

La maison des Nanogak était parfaitement silencieuse. Le givre qui s'était déposé sur le bois scintillait sous la lune.

– Allons vérifier si Nanook n'a pas arraché son bandage, dit Pani.

Les deux jeunes filles se rendirent à l'enclos. Soudain, Pani se figea. Elle agrippa Cathy par le bras et tendit le doigt.

– Là ! chuchota-t-elle. Près des arbres !

Cathy scruta les ténèbres. Au début, elle ne vit que des arbres et de la neige. Puis elle écarquilla les yeux en apercevant un loup, qui venait de sortir du bosquet de conifères et s'avançait à découvert.

Elle le reconnut aussitôt.

– C'est celui qu'on a vu dans le ravin ! murmura-t-elle avec émerveillement. Il nous a suivis jusqu'ici...

– Regarde ! Voilà Nanook.

S'extirpant péniblement de sa niche, la truffe frémissante, la chienne alla à la rencontre du loup.

Cathy retint son souffle, consciente d'assister à une scène extraordinaire. Le loup et la chienne s'arrêtèrent face à face, à quelques mètres de distance. Le loup dévisagea Nanook avec ses yeux dorés. Nanook lui rendit son regard. Leurs queues battaient lentement à l'unisson.

Après une longue minute, le loup pivota et regagna les arbres en trottinant. Il s'arrêta, regarda par-dessus son épaule et poussa un long hurlement mélancolique.

– Il est venu lui dire au revoir, murmura Cathy. Au revoir et merci.

Nanook aboya deux fois en réponse. Puis le loup se détourna et disparut dans la nuit.

FIN

EXTRAIT

Et voici une autre aventure
de Cathy et James
dans

Perdu dans la savane

100% animaux

1

– Là, près de l'eau ! chuchota James en désignant la rive.

Cathy avait du mal à y croire : c'était son premier jour de vacances en Afrique, et James affirmait que l'animal qu'elle souhaitait voir le plus au monde, le lion, était là, devant eux !

Cathy scruta les hautes herbes qui poussaient sur la rive du lac Kasanka :

– Où ça ?

– Là, à l'ombre de ce grand rocher rouge. Chut, il se redresse ! Il nous a repérés !

La jeune fille entendit un bruissement dans l'herbe jaune et sèche : quelque chose y bougeait. Mais elle ne voyait rien. Peut-être que James s'était trompé... Elle se mit sur la marche de la jeep et se haussa sur la pointe des pieds.

Le rocher était protégé des rayons du soleil par les branches d'un épineux, qui se déployaient en éventail à son sommet. Derrière l'arbre, sur des kilomètres, étincelaient les eaux bleues du lac ; sur la rive opposée se dressaient les montagnes aux sommets embrumés. En effet, Cathy et James passaient leurs vacances dans... le cratère d'un volcan éteint de longue date !

Cathy plissa les yeux :

– Je ne le vois pas !

Joseph, leur chauffeur, regardait à travers le pare-brise. Ses sens aigus captaient chaque mouvement, chaque bruit dans la brousse.

– Il est parti ! lança James, déçu.

Joseph secoua la tête.

– C'est un petit, précisa-t-il de sa voix profonde. Il est seul.

EXTRAIT

Un lionceau séparé de sa famille ? Cathy explorait du regard l'étendue herbeuse parcourue par des ombres mouvantes.

Joseph fut le premier à repérer le lionceau.

– Là, dit-il en tendant le doigt.

Cathy entendit un léger grondement ; et, enfin, elle aperçut l'animal. Il glissait sur le sable vers le lac. Il avançait fièrement, la tête haute, les oreilles dressées. Il lança un grognement vers l'autre rive.

Cathy, qui n'avait jamais vu un lion en liberté, retint son souffle. Le petit félin était magnifique. Son pelage était couvert de taches brunes, sa longue queue se balançait au rythme de ses pas. Il dressa ses oreilles rondes, attendant une réponse à ses appels.

EXTRAIT

Découvre vite la suite de cette histoire
dans

Perdu
dans la savane

N° 323 de la collection

100% animaux

ÉCRIS-NOUS !

Chère Lucy Daniels,

J'adore les animaux et vos livres sont super !
Mon père a trouvé un autre travail. Je vais vivre au Kenya !
Est-ce qu'il y a des livres 100 % Animaux qui se passent dans ce pays ou autre part en Afrique ?

Lucas, 10 ans.

RÉPONSE

Tu as de la chance d'aller vivre là-bas !
Retrouve Cathy et James dans leurs aventures africaines :
Une girafe en péril (n° 312).
Et n'hésite pas à nous écrire pour nous raconter ton expérience !

TOI AUSSI,
TU AIMES LES ANIMAUX ?

Si tu as envie

de nous confier les joies et les soucis
que tu as avec ton animal,

si tu veux

nous poser des questions
sur l'auteur et ses romans,
ou tout simplement nous parler
de tes animaux préférés,

n'hésite pas à nous écrire !

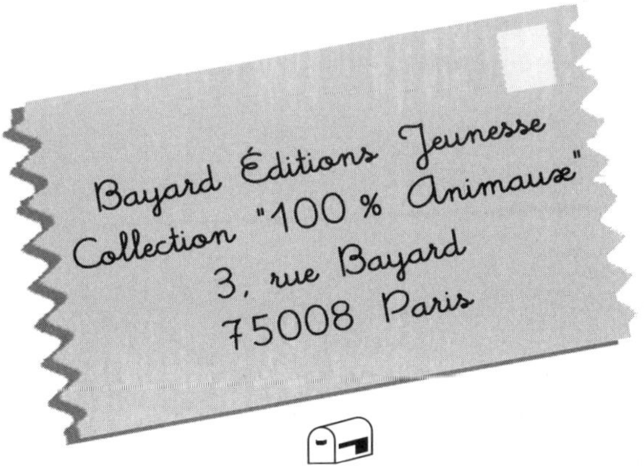

Attention !

N'oublie pas d'écrire ton nom et
ton adresse si tu veux qu'on te réponde !

Jenifer apprentie VÉTÉRINAIRE

701. Il faut sauver Rufus !
702. Des loups dans les montagnes
703. Un puma en danger
704. Les louveteaux introuvables
705. Urgence au rodéo
706. Au feu !
707. Victimes de la route
708. Le faon effarouché
709. L'hiver de tous les dangers
710. En pleine tempête